# *L'Arc d'Alfred Hitchcock, un jeu de cordes*

## Poétique de l'objet

**5-7, rue de l'Ecole polytechnique, 75005 Paris**

http://www.librairieharmattan.com
diffusion.harmattan@wanadoo.fr
harmattan1@wanadoo.fr

ISBN : 978-2-336-29071-3
EAN : 9782336290713

Lydie Decobert

# *L'Arc d'Alfred Hitchcock, un jeu de cordes*

## Poétique de l'objet

L'Harmattan

## Champs visuels

*Collection dirigée par Pierre-Jean Benghozi, Raphaëlle Moine, Bruno Péquignot et Guillaume Soulez*

Une collection d'ouvrages qui traitent de façon interdisciplinaire des images, peinture, photographie, B.D., télévision, cinéma (acteurs, auteurs, marché, metteurs en scène, thèmes, techniques, publics etc.). Cette collection est ouverte à toutes les démarches théoriques et méthodologiques appliquées aux questions spécifiques des usages esthétiques et sociaux des techniques de l'image fixe ou animée, sans craindre la confrontation des idées, mais aussi sans dogmatisme.

### Dernières parutions

Philippe LEMIEUX, *L'image numérique au cinéma. Historique, esthétique et techniques d'une révolution technologique*, 2012.
Pierre DEVIDTS, *Andreï Tarkovski. Spatialité et habitation*, 2012.
Angélica Maria Mateus MORA, *Cinéma et audiovisuel latino-américains. L'Indien : images et conflits*, 2012.
Daniel WEYL, Mouchette, *de Robert Bresson ou le cinématographe comme écriture*, 2012.
Claude HODIN, *Murnau ou les aventures de la pureté*, 2012.
François Amy DE LA BRETEQUE, Emmanuelle ANDRE, François JOST, Raphaëlle MOINE, Guillaume SOULEZ, Jean-Philippe TRIAS (dir.), *Cinéma et audiovisuel se réfléchissent. Réflexivité, migrations, intermédialité*, 2012.
Catherine BRUNET, *Le monde d'Ettore Scola. La famille, la politique, l'histoire*, 2012.
Angela BIANCAFIORE, *Pasolini : devenir d'une création*, 2012.
Vincent HERISTCHI, *La vidéo contre le cinéma. Neige électronique. Tome 1,* 2012.
Vincent HERISTCHI, *Entre vidéo et cinéma. Neige électronique. Tome 2,* 2012.
Florent BARRÈRE, *Une espèce animale à l'épreuve de l'image. Essai sur le calmar géant*, 2012.
Marguerite CHABROL et Pierre-Olivier TOULZA (sous la direction de), *Lola Montès, Lectures croisées*, 2011.
Élodie PERREAU, *Le cycle des* telenovelas *au Brésil. Production et participation du public,* 2011.
Isabelle Roblin, *Harold Pinter adaptateur : la liberté artistique et ses limites,* 2011.

# INTRODUCTION

« L'ingénieux Ulysse,
quand il eut soupesé et examiné le grand arc,
comme un homme qui connaît bien la cithare et le chant
avec aisance tend une corde sur la clef neuve,
ayant fixé à chaque bout le boyau de mouton tordu,
ainsi Ulysse sans la moindre peine tendit l'arc.
De la main droite il prit la corde, l'essaya :
elle rendit un beau son, pareil au cri de l'hirondelle[1] ».

La métaphore homérique d'une invisible flèche destinée à toucher sa cible comme le ferait *un beau son* a inspiré cet essai. Les flèches d'Alfred Hitchcock sont habilement décochées et touchent en plein cœur les proies désignées à l'écran comme dans la salle de cinéma. Non contents de souffrir sans répit, nous nous délectons de nos blessures, et à l'image des personnages en jeu, victimes rêvées, nous n'opposons aucune résistance. Les héros sont propulsés dans une dynamique ininterrompue dès l'ouverture des films : l'action chez Hitchcock « part dans le mouvement et, telle une flèche, file vers son but[2] » écrit Philippe Parrain. La trajectoire de la flèche définie par le cinéaste comme *une direction continue du début à la fin*[3] ne saurait être déviée. Hitchcock a plus d'une corde à son arc ! Architecte, compositeur, dessinateur, magicien, musicien,

[1] Homère, *L'Odyssée*, traduction, notes et postface de Philippe Jacottet, Paris, La Découverte/Poche, 2000, p. 349.

[2] P. Parrain, « constructions dramatiques, lois du mouvement », in *Alfred Hitchcock, études cinématographiques n° 84-87*, Paris, Minard, 1971, p. 7.

[3] F. Truffaut, *Le Cinéma selon Hitchcock*, Paris, Laffont, 1966, p. 244.

philosophe, peintre ou poète, le cinéaste dispose de multiples ressources pour atteindre « la » ou « les » cibles visées : il est un véritable tireur d'élite.

Longtemps « ar*c* » s'est prononcé *ar* : l'ambiguïté avec « ar*t* » a nécessité de rendre *parlant* le « c » *muet*. Si l'on entend à présent la lettre finale, le mot évoque toujours l'art, à commencer par l'archer aux ailes déployées apparu un jour sur les vases attiques à figures rouges, Éros. Ses flèches ne sont pas vectrices de la peste comme celles de son frère Apollon, mais elles communiquent un autre type d'infection : la passion et l'aveuglement. Éros et Apollon lancent des flèches dont la capacité destructrice s'exerce dans des registres qui se rejoignent : l'amour et la mort.

La flèche devient rapidement la figure métaphorique de l'inspiration poétique dans la rhétorique amoureuse, elle exprime la puissance dévastatrice du regard :

« Harsoir en se joüant l'enfant de Cytherée
Faisant de tes beaux yeux une fleche acérée,
En m'ouvrant l'estomaq tout le cœur m'a persé[4] […] ».

Les flèches d'Amour provoquent d'irréversibles blessures quand elles ne détruisent pas. Elles envoûtent en visant la mise en scène du regard. Ce processus développé dans la poésie et dans la peinture européennes des XVI^e^ et XVII^e^ siècles intéresse au plus haut point Alfred Hitchcock, à une essentielle différence près : le sujet amoureux, sujet en souffrance, ne fait plus corps avec « le poète » ; il ne se constitue plus en tant que créateur dans son tourment comme cela était avec Ronsard ou le Cavalier Marin. Si Hitchcock nous tient en son pouvoir et détient les flèches qui nous feront vibrer sans repos, il est *détaché* de l'infection amoureuse passant par le regard des acteurs

---

[4] P. de Ronsard, « Recueil des nouvelles poésies » (1564), *Œuvres complètes*, T. XII, Paris, Librairie Marcel Didier, 1946, p. 261.

avant de traverser l'écran, le transpercer, pour atteindre le spectateur de plein fouet. La flèche ne se substitue plus à la plume et la douleur chantée dans les images ne cherche pas à apaiser l'âme ulcérée du poète, ainsi que l'écrivait Pierre de Ronsard : « L'amoureux ulcère/Qui m'ard le cœur, me force de chanter[5] ».

Les apparitions d'Alfred Hitchcock dans ses films signalent clairement cette volonté de détachement affectif, cette prise de distance systématique avec le récit. En buvant une coupe de champagne dans *Notorious* (« Les Enchaînés », 1946), le cinéaste nous fait comprendre qu'il est moins dangereux d'être invité que Maître[6] de maison ! Croiser un contrebassiste en prenant le train est moins risqué que de croiser un psychopathe : encombré avec son instrument, Hitchcock monte tandis que Guy (incarné par Farley Granger) descend sur le quai dans *Strangers on a Train* (« L'inconnu du Nord-Express », 1951). Soucieux de ne pas perdre le Nord, le réalisateur traverse l'image avec empressement dès la fin du générique de *I Confess* (« La Loi du silence », 1952) : il prend ostensiblement la *DIRECTION* opposée à celle qu'il inflige à son héros (Montgomery Clift), montrée avec insistance sur quatre[7] flèches de signalisation. Un couple de chiens n'attirera-t-il pas moins de problèmes qu'un couple d'inséparables ? Malicieuses ou cyniques, les apparitions hitchcockiennes affirment cette extériorité à l'action ; se mettre en scène pour le réalisateur est une façon de s'éclipser, de se tirer…

---

[5] P. de Ronsard, *Les Amours* (1533), in Œuvres complètes, vol. X, éd. de Paul Laumonier, Paris, Nizet, 1975, p. 276.

[6] Tout en instaurant un climat d'angoisse (la descente à la cave est imminente si le champagne vient à manquer), Hitchcock nous signifie que le métier de réalisateur est confortable : il est le Maître de la situation, c'est-à-dire de la disparition du champagne…

[7] Relatives, bien entendu, aux points « cardinaux ».

d'affaire, c'est-à-dire de se retirer d'une affaire qui ne le concerne pas.

Les flèches détenues par le démiurge sont décochées par des archers désignés : « A mon avis, l'acteur dans un film [...] doit accepter d'être utilisé et souverainement intégré au film par le metteur en scène et la caméra[8] ». Les femmes, à l'image d'Artémis, sœur d'Apollon et de Dionysos, sont aussi détentrices de l'arc et des flèches. Amoureux ou haineux, parfois psychopathes, très souvent en souffrance, les archers sont placés sous l'emprise du *fatum* conçu par le réalisateur. Les œillades assassines hantent le cinéma d'Alfred Hitchcock. On ne peut oublier le regard de Sylvia Sidney porté sur Oscar Homolka dans *Sabotage* (« Agent secret », 1936). Le désir de tuer prend corps dans les yeux tandis que la main ne parvient pas à se saisir du couteau ; elle le fait à l'instant précis où le regard du mari s'éclaire sous la prise de conscience de l'intention. Les regards *parlent* dans une séquence muette d'une rare intensité : « Hitchcock est le seul cinéaste à pouvoir filmer et à nous rendre perceptibles les pensées d'un ou de plusieurs personnages sans le secours du dialogue[9] ».

Dans *Psycho* (1960), Norman Bates (Anthony Perkins) décoche, bien avant son assassinat, un trait mortel sur la séduisante Marion (Janet Leigh) : une fente dans le mur lui permet de se faire voyeur de la jeune femme dénudée. La fixité du globe oculaire annonce celle du cadavre sous la douche, lorsque la vie se retire de l'œil tandis que l'eau s'évacue par le trou béant, obscène, de la baignoire. L'image d'un œil à travers une fente est reprise dans *Torn Curtain* (« Le rideau déchiré », 1966) mais sans l'idée de

---

[8] *Hitchcock/Truffaut*, avec la collaboration de Helen Scott, Paris, Ramsay, 1983, p. 92.

[9] F. Truffaut, *Le cinéma selon Hitchcock*, *op. cit.*, p. 78-82 et p. 165.

voyeurisme : l'œil s'inscrit en très gros plan dans un cercle permettant d'observer le public avant la représentation ; cet œil envoie une flèche assassine en direction du couple d'espions réfugié dans le théâtre : il appartient à une comédienne médiocre, jalouse du succès d'Armstrong (Paul Newman), savant reconnu… contrairement à elle !

L'échange de regards jamais réalisé entre Madeleine (Kim Novak) et Scottie (James Stewart) lors de leur première entrevue (qui n'est d'ailleurs pas une rencontre mais un repérage pour l'un et l'autre, de l'un et de l'autre), héros de *Vertigo* (« Sueurs froides », 1958), manifeste pourtant cette maladie oculaire déjà définie par Platon dans *Phèdre* (255 c-d) : Scottie cesse immédiatement d'être lui-même. La flèche oculaire, apparemment évitée, a inoculé l'amour en le blessant ; elle a détruit sa lucidité (et la lumière fait place aux ténèbres), alors qu'il est censé élucider le mystère auréolant la jeune femme ! Victime d'une illusion, il est la cible idéale de ce double jeu signalé par le redoublement de la beauté de Madeleine dans le miroir du restaurant. La puissance du regard est donnée dans ce film comme dévastatrice : le détective « affecté » sera renvoyé d'apparence en apparence, étant amoureux non d'une femme mais de l'idée d'une femme, dans le sens platonicien du terme. Hitchcock donne la clé du film dès le générique en présentant l'œil féminin comme un abîme où les spirales générées sans fin absorbent notre propre regard ; comme le dérisoire héros du film, nous sommes pris dans ce « piège à regard », pour reprendre l'expression de Lacan. Et Hitchcock, qui prend un intense plaisir à *tourner et retourner* le public[10], nous attribue au gré de ses désirs, en une alternance orchestrée, tantôt le point de vue du « tireur », tantôt celui de la « cible ».

---

[10] *Hitchcock/Truffaut*, *op. cit*, p. 231.

Le propos de *L'arc d'Alfred Hitchcock, un jeu de cordes* est de célébrer les multiples talents du cinéaste, *les cordes*, d'en présenter les manifestations et les développements, d'en saisir les enjeux. L'incroyable diversité des modes opératoires et des pratiques artistiques du cinéaste font de lui un immense créateur, très longtemps sous-estimé : de nombreux critiques avant Rohmer et Chabrol[11] ont défini et classé Hitchcock comme « Maître du suspense » et réduit son travail à une brillante pratique du film policier ; il est vrai qu'Hitchcock a fortement encouragé ce point de vue en employant ironiquement l'art de la dérobade dans ses interviews ! « Et si Alfred Hitchcock est le seul poète maudit à rencontrer le succès, c'est parce qu'il a été le plus grand créateur de formes du vingtième siècle, et que ce sont les formes qui nous disent finalement ce qu'il y a au fond des choses[12]» écrit Jean-Luc Godard. Les talents du cinéaste recoupent tant de territoires qu'il a fallu opérer des choix, se résoudre à quelques approches recoupant nos compétences. Les « cordes » retenues ont inspiré cet essai intitulé *Poétique de l'objet*, premier volet d'un triptyque en gestation : les volets suivants pourraient s'intituler *La musique des images* et *Pratiques plastiques*.

Hitchcock voue une véritable passion aux objets. Sally Shafto écrit que cette passion « témoigne de sa conception fondamentale du septième art, à savoir que le cinéma est un art surtout visuel, un art où l'on montre les choses[13] ». Comment en effet évoquer un seul film d'Hitchcock sans

---

[11] C. Chabrol, É. Rohmer, *Hitchcock* (1957), Paris, Ramsay, 1986.

[12] J.-L. Godard, « Le Contrôle de l'Univers», in *Histoire(s)du cinéma, 4A*, Paris, Gallimard, 1998, p. 76.

[13] S. Shafto, « Les objets de Hitchcock ou le monde devenu solide », in *Hitchcock et l'art, coïncidences fatales*, catalogue d'exposition sous la direction de D. Païni et G. Cogeval, Paris, Mazotta, 2001, p. 140.

qu'un ou plusieurs objets ne nous surgissent à l'esprit ? Le présent volume s'attache à la diversité des emplois et des fonctionnements des différents objets dans les images, aux relations entretenues par l'objet avec l'art et la poésie.

Ensuite, la musique tient une place si essentielle dans les films d'Hitchcock qu'elle constituera le volet central du triptyque : son rôle n'est en aucun cas réductible à l'accompagnement des intrigues ; sa fonction rythmique et expressive, utilisée à des fins réflexives, se manifeste visuellement, sous des formes parfois très inattendues. « On a souvent remarqué l'importance de la forme dans les films d'Hitchcock, sans noter suffisamment son caractère musical[14] » écrit Aimé Agnel, suggérant l'hypothèse d'une *forme musicale* filmique.

Le cinéma d'Hitchcock, profondément redevable aux arts plastiques, fait constamment référence à l'architecture, au dessin ou à la peinture, selon un regard croisé avec d'autres arts : Hitchcock conseille d'ailleurs à Truffaut de dessiner le film « comme Shakespeare bâtissait ses pièces pour le public[15] ». Un troisième essai sera consacré au travail de la lumière, de la couleur et de la matière, aux emplois de la perspective, aux processus de construction et de déconstruction des images, à la grande diversité des styles « picturaux », à leurs implications dans les films.

Les cordes se tendent toutes vers une même visée :

— *Quelle est la logique profonde de vos films ?*

— Faire souffrir le spectateur[16].

---

[14] *A. Agnel, Hitchcock et l'ennui*, Paris, Ellipses, 2011, p. 16.

[15] *Hitchcock/Truffaut*, *op. cit.*, p. 241.

[16] J. Domarchi et J. Douchet, « Entretien avec Alfred Hitchcock », Paris, *Cahiers du Cinéma n° 102*, décembre 1959, p. 24.

# Avant-propos à la poétique de l'objet

Les objets mis en scène par Hitchcock occupent le devant de la scène… et parfois aussi l'avant de la bobine !

Après avoir déclaré combien le tout premier plan était essentiel dans ses films, le cinéaste ironise : « Je ne sais pas toutefois s'il est bon d'avoir un plan très important au début. Car souvent au cinéma, les gens bavardent […]. Ils s'assoient ou finissent leurs cacahouètes[17] ». Il explique alors que la nécessité de lutter contre ce type d'attitude le conduit à *mettre quelquefois des plans très dramatiques*[18] juste après le générique.

Les images initiales présentent dès les premiers films des objets cadrés en très gros plan ; ils envahissent l'écran, le chargent de sens : *The Ring* (« Le masque de cuir », 1927) s'ouvre tambour battant sur un cercle parfait (ill. 1). La coïncidence entre abstrait et concret permet d'exalter la géométrie du monde tout en annonçant un imminent combat. Le plan fixe sur un enjoliveur en rotation (ill. 2) qui ouvre *Blackmail* (« Chantage », 1929), laisse augurer une poursuite endiablée et exprime (par le paradoxe d'un mouvement « fixé ») le piétinement de l'enquête policière. *Sabotage* s'ouvre sur l'aveuglante lumière dispensée par une simple ampoule (ill. 5) : elle dynamise la totalité de l'écran par son cadrage oblique comme par le jeu contrasté

[17] J. Domarchi et J. Douchet, *op. cit.*, p. 21.

[18] *Ibid.*

des courbes et contre-courbes ; un plan général en plongée sur la brillante vie nocturne londonienne lui succède puis revient sur l'ampoule ; elle clignote avant de plonger les habitants dans les ténèbres : le sabotage est annoncé au moyen d'un effet dramatique d'une très grande simplicité. Le premier plan de *Vertigo* présente une barre horizontale. Elle surgit sur une musique *en fugato* contrastant avec le thème lancinant du générique : ligne abstraite traversant l'écran, découpée sur fond incertain, non localisée, sans début ni fin, elle reste quatre secondes avant d'être empoignée par une main virile (ill. 3-4). L'implacable barre métallique, absolument *hors d'échelle*, se révèle être un modeste barreau d'échelle, démesurément agrandi. Nous comprenons que l'éprouvante poursuite sur les toits était commencée bien avant notre arrivée…

Le sac à main de *Marnie* (Tippi Hedren) filmé en très gros plan à l'ouverture du film est inoubliable ! Un seul cadrage resserré sur un objet typiquement féminin pose instantanément le problème de l'héroïne : la frigidité. Résolument clos, le fermoir exhibe une forme vulvaire enrobée de peau, toute connotation sexuelle étant invalidée par l'acidité de la couleur jaune. L'image impulse le film. L'intensité des images inaugurales des films d'Hitchcock fait comprendre à quel point son cinéma est visuel ; « une » image avec un objet judicieusement choisi et cadré suffit à poser le tout. Godard signale dans *Histoire(s) du* Cinéma qu'on peut avoir oublié les missions des héros et héroïnes, ou les raisons de leurs agissements. « Mais on se souvient d'un sac à main. […] Mais on se souvient d'un verre de lait, des ailes d'un moulin, d'une brosse à cheveux. Mais on se souvient d'une rangée de bouteilles, d'une paire de lunettes, d'une partition de musique, d'un trousseau de clés [19]», précise l'auteur. Un objet banal devient « unique » ; investi par Hitchcock d'une puissance invraisemblable, il exprime l'essence (l'essentiel) du film.

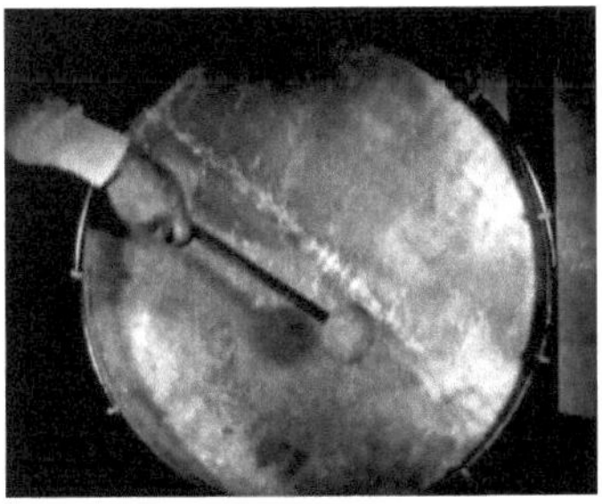

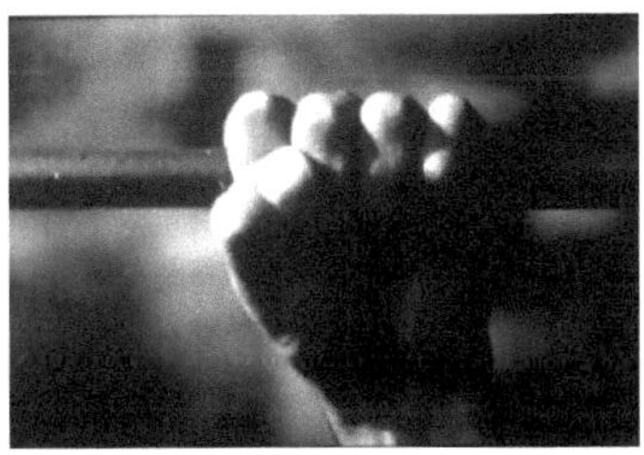

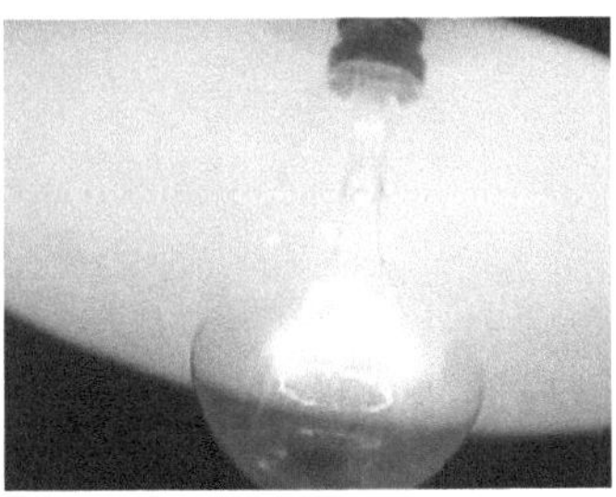

De quelles façons les objets se revêtent-ils d'autant de significations dans un film d'Alfred Hitchcock ? Comment deviennent-ils accusateurs ou salvateurs ? D'où provient leur pouvoir et qu'advient-il de leur fonction initiale ?

[19] J.-L. Godard, *Histoire(s) du cinéma*, *op. cit.*, p. 76.

# 1.
# La subversion du quotidien

## *Objets démarqués*
### (usages et dysfonctionnements)

« Que chez Hitchcock, l'usage banal des objets les plus quotidiens se mue progressivement sous nos yeux en une source immense d'inquiétude montre bien que ces objets participent de la démarche de notre cinéaste : ils passent insensiblement de l'univers objectif qui est le leur à un monde purement subjectif[20] ».

Les emplois variés et renouvelés d'un même objet, l'inscription d'objets concrets dans un réseau abstrait de relations (des personnages entre eux mais aussi avec les objets) évoquent la peinture hollandaise du XVII$^e$ siècle. Les films d'Hitchcock et les peintures dites « de genre » mettent en scène des objets on ne peut plus ordinaires : bougies, bouteilles, chapeaux, clefs, fruits, instruments de musique, lettres, pantoufles, partitions, pots, tableaux... Lieux publics ou espaces privés les contenant sont d'une parfaite banalité et offrent une normalité exemplaire. Les intérieurs bourgeois affichent une décoration accordée à leurs habitants : une jeune femme joue du virginal à son amant tandis que la servante balaie la cuisine ; sur la table, une cruche de vin suggère le plaisir partagé[21] ; un couple s'embrasse devant la table du petit déjeuner inondée de lumière juste avant la lecture du courrier et du journal[22].

---

[20] J. Douchet, *Hitchcock*, Paris, 1967, Éditions de L'Herne, p. 205.

[21] E. de Witte, *Intérieur avec une femme jouant du virginal*, 1660, huile sur toile, 97,5 x 109,7 cm. Musée des beaux-arts, Montréal.

[22] A. Hitchcock, *Dial M for Murder* (« Le crime était presque parfait », 1954).

Virginal, balai, cruche, appareil photo… constituent les *marques* d'une relation naturelle, suivant laquelle « un terme renvoie à d'autres termes dans une série coutumière telle que chacun peut être “interprété” par les autres[23] ». Il est essentiel que les termes soient tout à fait ordinaires pour que l'un d'eux puisse se détacher de la série, *en quel cas on parlera de démarque*[24]. Gilles Deleuze évoque, parmi les démarques les plus célèbres, le moulin de *Foreign Correspondent* (« Correspondant 17 », 1940) dont les ailes tournent en sens inverse, le verre de lait de *Suspicion* (« Soupçons », 1941) rendu suspect par sa blancheur, l'avion sulfateur de *North by Northwest* (« La mort aux trousses», 1959). Via la notion freudienne d'inquiétante étrangeté, Pascal Bonitzer rejoint Gilles Deleuze : « Le cinéma d'Hitchcock obéit à cette loi : plus une situation est quelconque, naturelle, familière, plus elle est susceptible de devenir dérangeante, *unheimlich*, pour peu que l'un de ses éléments se mette à “tourner dans le sens contraire du vent[25]” ».

Le monde *peint* par Emmanuel de Witte ou *filmé* par Alfred Hitchcock n'est pas réductible à la superficie (la toile, le plan) du monde ordinaire. Les apparences du quotidien recouvrent un monde imaginaire et/ou fantasmé, fruit d'une intense réflexion et de patientes constructions, où chaque objet, inscrit dans un tissage complexe de relations, est éloquent. Les objets usuels affichent une poésie et une mordante ironie évoquant les pratiques des Maîtres hollandais et du ready-made, a priori sans rapport.

---

[23] G. Deleuze, *Cinéma I. L'image-mouvement*, Paris, Les Éditions de Minuit, 1983, p. 274-275.

[24] *Ibid.*

[25] P. Bonitzer, « It's only a film ou la face de néant », in *Alfred Hitchcock, Cahiers du cinéma hors série (n°8)*, 1980, p. 14.

### *Du ready-made au ready-mad*

Alfred Hitchcock et Marcel Duchamp ont sans aucun doute entendu parler l'un de l'autre, mais se sont-ils rencontrés ou seulement intéressés l'un à l'autre ? Quoi qu'il en soit, ils partagent un goût prononcé pour l'ironie, un penchant très net pour la mystification, et ils accordent au concept la même indéniable souveraineté : les roues de l'artiste et du cinéaste tournent sans nécessité majeure apparente ni souci esthétique, semblent dénuées de toute psychologie… mais elles expriment pourtant la géométrie du monde, le mouvement cyclique de l'univers auquel est soumise notre existence : l'objet se fait métaphore.

L'utilisation d'un objet ready-made implique la perte de la fonction initiale de l'objet qui se voit ainsi détourné et libéré d'un asservissement usuel, journalier, ordinaire. L'objet démarqué est re-marqué, devient « remarquable ». Il est rebaptisé : l'urinoir présenté à l'envers par Duchamp est désormais une *Fontaine* et, la bible de Hannay dans « Les trente-neuf marches » (1935), un gilet pare-balles ! Le ready-made implique une métamorphose conceptuelle.

L'objet hitchcockien n'est pas extrait de son contexte contrairement à l'objet duchampien, isolé et présenté « artistiquement » : la *Roue de bicyclette*, sur un tabouret, l'urinoir appelé *Fontaine* et le *Porte-bouteilles*, sur un socle, le *Porte-chapeaux*, pendu au plafond. Hitchcock et Duchamp développent malgré tout un processus similaire : sacraliser l'objet banal revient à désacraliser l'objet d'art, à en subvertir les sens. D'un côté comme de l'autre, ces idées furent jugées scandaleuses. *The Thirty Nine Steps* valut à Hitchcock le titre de « Maître de l'humour sournoisement incongru [26]», et *Fountain* fut aussi jugé incongru,

[26] Un titre attribué par le New York Times et cité par Bruno Villien : *Hitchcock*, Paris, Éditions Colona, coll. L'Œil du Cinéma, 1982, p. 98.

immoral et vulgaire par le comité de la Société des artistes indépendants de New York. Un geste simple révolutionne l'esthétique du XX$^{e}$ siècle : choisir un objet, c'est le rendre « unique » ! Démarque et subversion vont de pair : la bible/pare-balles révèle l'inertie des policiers, la bigoterie provinciale et la puissance divine manifeste… dans un tel miracle. A cela s'ajoute la discrète allusion à Fritz Lang : dans le film « Les Espions » (1928), les pages d'un livre (non d'une bible) arrêtent aussi une balle meurtrière. Un seul objet cristallise une incroyable diversité de sens.

Hitchcock a l'idée d'utiliser dans *Rope* (« La corde », 1948) un coffre en bois contenant un cadavre comme table de réception et Duchamp imagine une dizaine d'années plus tard « se servir d'un Rembrandt comme d'une table à repasser[27] ». Duchamp souhaite « souligner l'antinomie fondamentale qui existe entre l'art et les ready-mades[28] » et Hitchcock pulvérise (tout en l'utilisant), un classique des films policiers, le coffre en bois comme substitut du cercueil[29]. Tous deux dé*tournent* (en dérision) la fonction initiale d'objets choisis dans une intention relevant du concept pur : les objets concrets coïncident avec les objets de l'art. L'artiste et le cinéaste manifestent cyniquement un goût comparable pour une « beauté d'indifférence », opposée aux poncifs, aux stéréotypes. L'idée d'assassinat est au centre des deux créations : Duchamp propose au final que l'art du passé soit *repassé* (et le goût de l'artiste pour l'allitération[30] se manifeste ici sans conteste), ce qui

[27] M. Duchamp, « A propos des "Ready-mades" » (1961), repris in *Duchamp du signe*, Paris, Flammarion, coll. Champs, 1994, p. 191.
[28] *Ibid.*
[29] Le cercueil vide de *Secret Agent* (1936) est tout autant démarqué !
[30] Duchamp explique : « Quelquefois j'ajoutais un détail graphique de présentation : j'appelais cela pour satisfaire mon penchant pour les allitérations, "ready-made aidé" (ready-made aided) » (*ibid.*).

implique un détournement redoublé au sein d'une pratique sacrilège. Dans un même état d'esprit, Hitchcock présente un « coffre-table » recouvert d'une nappe en dentelle et agrémenté de deux chandeliers symétriques : le pain et le vin sont irrévérencieusement complétés par du poulet, du porc et du champagne ; David sacrifié est enseveli sous les victuailles, ainsi que des reliques sous un autel.

Duchamp (voir *Étant donné*, 1946-1966) et Hitchcock n'hésitent pas établir un parallèle entre Crime et Création. Brandon (John Dall) ne cesse de proclamer que la gratuité du crime l'élève à l'acte de création : *The power to kill can be just as satisfaying as the power to create* [...]. *It's an immaculate murder !* anéanti, Philip (Farley Granger) interroge Brandon au sujet de la fête offerte aux proches de la victime sacrifiée : — *You don't think the party's a mistake ? — No, it's the finishing touch to our work. It's more. It's the signature of the artists* » s'empresse-t-il de répondre ! Et lorsqu'il pose les chandeliers sur le coffre, Brandon déclare avec exaltation : *Making our Work of Art a Masterpiece.*

*Rope* est bel et bien l'éloge de l'assassinat : la même corde qui a étranglé le jeune homme sert à attacher les livres remis cérémonieusement au père de la victime, ce qui appuie l'aspect intellectuel du crime.

Si Duchamp assassine la peinture, Hitchcock, lui, tue la tradition cinématographique avec l'utilisation du fameux *Ten Minutes Take* ; il crée une technique nouvelle parce qu'il se dit : « voilà une histoire qui se passe dans une seule pièce, en une heure et demie ; par conséquent il faut que je fabrique une technique de film spéciale, qui soit continue, sans jamais s'arrêter, sans se couper, pour créer cette même sensation de continuité[31] ». Finalement, *Rope* n'est pas qu'une histoire de corde (un bout de ficelle qui dépasse du coffre où on a enfermé la victime, qui enroule les livres, qui révèle le crime, etc.), « c'est aussi la métaphore de ce film en tant qu'il est tourné en un seul plan, avec raccords invisibles, d'un seul mouvement[32] », ainsi que l'écrit François Régnault. Comme chacun des plans de « La corde » dure dix minutes (ce qui correspond au métrage de pellicule contenu dans le chargeur), il a fallu onze plans-séquences pour une durée totale de 80 minutes. Les convives (trois femmes, cinq hommes) seront huit au lieu de neuf : l'assassinat était indispensable pour mettre en évidence la symbolique chiffrée... En insistant sur le huit, Hitchcock rappelle-t-il qu'au-delà du 7e jour, vient le 8e qui marque la vie des justes et la condamnation des impies[33] ? Nombre des rayons de la roue, le huit évoque aussi le cycle (et l'on *revient* à Duchamp !) ; couché… il devient le signe mathématique de l'infini.

Nous ne sommes donc pas surpris de « l'entrée en jeu » des *Mouvements perpétuels* de Francis Poulenc dans ce film ! Le chiffre huit se manifeste de façon troublante sous les doigts de Philip jouant le premier mouvement au piano. La mesure à quatre temps fait que chaque cellule de la portée réservée à la main gauche contient huit croches ; inlassablement répétées et liées, les huit notes identiques constituent un *ostinato*, une formule rythmique continue. Elle sert de support aux variations et aux développements assurés par la main droite ; la main gauche sécurise par sa

---

[31] F. Truffaut et C. Chabrol, « Entretien avec Alfred Hitchcock », Paris, *Cahiers du cinéma n° 44*, février 1955.

[32] F. Régnault, « Système formel d'Hitchcock », in *Alfred Hitchcock, Cahiers du cinéma hors-série n° 8*, *op. cit.*, p. 22.

[33] Sur le chiffre 8, se reporter à A. Luneau, *Histoire du salut chez les Pères de l'Église*, Paris, Beauchesne, 1964, p. 338-339.

régularité et la neutralité de son phrasé, invitant la main droite à s'exprimer, à jouer plus librement :

Mais la main droite de Philip est blessée ! Elle a broyé un verre sous l'emprise de la panique : l'*ostinato* joué à la main gauche parviendra-t-il à apaiser la main *meurtrie* ? L'instrumentiste pourra-t-il oublier que *ces* mains ont tué ? Jean-Pierre Eugène[34] écrit que le thème de Poulenc est « doux, tranquille, rassurant même, comme dans la rue de Manhattan que nous voyons à l'écran ». Soit, mais dans cette rue tranquille, à deux reprises (et parallèlement aux reprises musicales), se font entendre les sirènes de voitures de police, ce qui détourne l'attention du pianiste vers l'extérieur et redouble son angoisse. Philip est pris entre deux feux : celui d'un avenir alarmant (il relie sans doute le son strident à la prédiction de Mrs Atwater[35]) et celui

[34] J.-P. Eugène, *La musique dans les films d'Alfred Hitchcock*, Paris, Dreamland, 2000, p. 125.
[35] La tante de la victime (incarnée par Constance Collier) pratique la chiromancie : elle a prédit à Philip que ses mains le rendront célèbre…

d'un insupportable présent (les harcèlements de Rupert). L'écrivain précise que ce thème semble n'être là que pour mieux cacher le meurtre. Mais c'est également pour s'étourdir et oublier l'assassinat que le jeune homme joue. Bien sûr qu'il trompe les convives (seul le spectateur a assisté au crime), mais c'est d'abord lui-même que le musicien tente de tromper, plus exactement de détromper : mais comment peut-il revenir sur ce qui est irréparable ? *Et l'unique cordeau détrompe et pare le crime*… « La corde » est un film continu, sans raccord, à l'image de chaque corde du piano ou du célèbre vers d'Apollinaire : *Et l'unique cordeau des trompettes marines*[36]. Quant au *Mouvement perpétuel*, il est aussi celui de la caméra.

L'objet, souple, ne cesse de passer de la fonctionnalité à la métaphore. Après avoir repris une forme impeccable, la corde est cyniquement nouée autour des livres prêtés au père de la victime, et l'intrigue se resserre. Les soupçons de Rupert (James Stewart) se transforment en conviction face au trouble de Philip à l'apparition des livres dans les mains de Brandon : paralysé par l'angoisse, la gorge nouée (les cordes vocales ont cessé de fonctionner), le jeune homme fixe longuement et intensément l'objet accusateur. Un livre « emprisonné » par une corde devient inutile ; il est démarqué : sa symbolique ne vaut plus rien. La connaissance livresque paraît désormais dérisoire aux deux jeunes gens suite à leur vertigineuse expérience.

Si la première image du film est particulièrement suggestive (un policier fait traverser deux enfants inconscients du danger tandis que le cinéaste part à l'opposé,

---

[36] G. Apollinaire, « Chantre », *Alcools* (1913), in *Apollinaire, œuvres poétiques*, préfacé par André Billy, texte établi et annoté par Marcel Adéma et Michel Décaudin, Paris, Gallimard, coll. « La Pléiade », 1965, p. 63.

en ligne droite), le dernier plan est totalement hallucinant : la caméra cadre en plan d'ensemble le salon figé. Sous l'implacable emprise de la coloration alternée des néons extérieurs, gisent aux pieds du gisant… les livres déchus.

Hitchcock utilise dans différents films un même objet auquel il confère chaque fois un sens métaphorique inédit. Prenons la corde : Bob, le boxeur amoureux de Nelly dans *The Ring*, est envoyé dans les cordes par son fiancé Jack ; la corde du trapéziste de *Murder* (1930) devient l'arme du suicide ; associés aux chaînes, les cordages enjambés par un couple en croisière dans *Rich and Strange* (« A l'est de Shangaï », 1932) expriment l'écueil du mariage, la corde au cou ; Rose et Barton, ligotés à une balustrade délabrée, basculent dans le vide dans *Number Seventeen* (« Numéro dix-sept », 1932) : suspendus aux cordes, ils évitent la mort de justesse. Joan Fontaine récupère une corde du bateau[37] de *Rebecca* (1940) pour (s')attacher Jasper, le chien de la disparue : le transfert de fidélité est instantané ! Niché dans un panier d'osier, le petit chien friand des os de Mrs Thorwald descend dans la cour de *Rear Window* (« Fenêtre sur cour », 1954) grâce à une corde déroulée sur la façade. La corde du clocher agitée à toute volée par la religieuse à la fin de *Vertigo* (« Sueurs froides », 1958) exprime l'effroyable destinée du couple amoureux. La voiture de Marion dans *Psycho* est extirpée d'un fond bourbeux au moyen de robustes cordes, image de clôture d'un film qui avait pourtant commencé « au septième ciel », dans une chambre d'hôtel située au dernier étage d'un gratte-ciel : le mouvement d'extraction avec des cordes dirigées vers le spectateur, exact contraire du processus d'enfermement de Norman en sa mère, nous

[37] Il s'agit d'un « étrangloir », destiné à carguer la voile, à l'étrangler.

projette brutalement dans la réalité suite à l'univers psychotique qui a régi la totalité du film.

Un même objet, tout en conservant sa spécificité, se démarque par un simple changement d'emploi : la corde attache, rejette, se déroule, se détend, se noue, tracte… Chacune des utilisations se rapporte à une situation appropriée. Inversement, différents objets sont employés à des fins incongrues et se démarquent par le *détournement* de leur fonction initiale : La corde est très appréciée par Hitchcock mais des accessoires vestimentaires comme ceinture d'imperméable (*Young and innocent*, 1937), écharpe (*Dial M for Murder*, 1954) ou cravates (*Frenzy*, 1972), font tout aussi bien « l'affaire » ! Tuer Gromek (*Torn Curtain*, 1966) est une entreprise ardue : marmite, fil électrique, couteau (la lame se casse dans la gorge)… s'avérant inefficaces, la complice d'Armstrong pense à utiliser le four… au gaz, bien entendu.

Les objets s'animent parfois en dépit du bon sens jusqu'à une folie inversement proportionnelle à la rigueur de la conception. Hitchcock cherche-t-il comme Duchamp à satisfaire son penchant pour les allitérations ? Dans *Rope*, avant que Brandon n'arrive avec les livres, le suspicieux Rupert s'évertue à gêner le jeu pianistique de Philip, cherchant à découvrir ce qu'il recouvre : il n'hésite ni à interrompre (par ses questions, en allumant la lumière, en apportant à boire), ni à perturber le (double) jeu du pianiste. Rupert intercale soudain entre ses questions et la musique le tempo implacable et accéléré d'un métronome. Le mouvement de l'intrus est « perpétuel » comme celui de Poulenc… mais mécanique et parfaitement décalé ! L'inhumaine oscillation s'acharne à détruire la cadence au lieu de l'accompagner, l'objet se démarque en cette folle contradiction : le métronome « ennemi » œuvre contre le pianiste. Se profile l'*Indestructible objet* de Man Ray. La version de 1933 comporte en haut du balancier l'œil photographié de Lee Miller, qui vient de quitter l'artiste. Le ready-made est devenu métaphore du deuil amoureux.

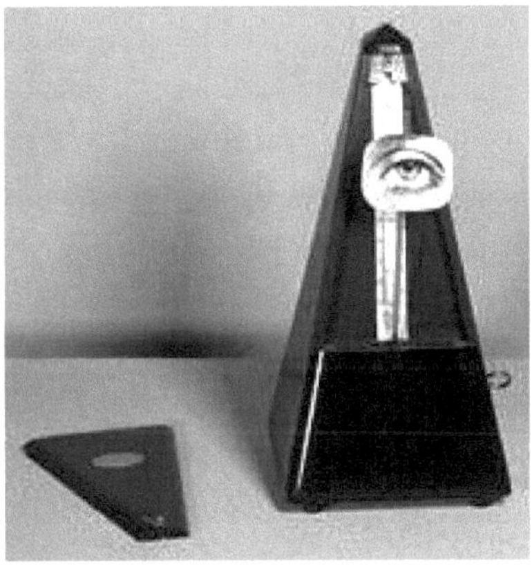

L'artiste préconise d'attacher l'œil de celle qu'on a aimée au balancier d'un métronome, de supporter son oscillation jusqu'aux limites de l'endurance, puis, *en visant bien avec un couteau, essayer de le détruire tout d'un seul* coup. Philip aimerait détruire ce métronome qui le trahit et agace prodigieusement le spectateur placé du côté de l'assassin. Les métronomes d'Alfred Hitchcock et de Man Ray existent en tant que « projections » d'un état intérieur : le battement accéléré dans le film est celui du cœur de Philip, en total désaccord avec les accords musicaux. Perpétuels et parallèles, les mouvements se déroulent sans jamais coïncider, faisant croître infiniment le soupçon de Rupert. Le dysfonctionnement *paraît* provenir d'un objet on ne peut plus réglé, et la régularité absolue se ressent comme une perte de la mesure, celle d'un être qui ne se contrôle plus ; la force du cinéaste tient dans l'exploit de rendre insolite un objet d'une banalité exaspérante.

Parmi les plus célèbres objets rendus « déments » par Hitchcock, il y a les ailes de moulin tournant à l'envers (*Foreign Correspondent*) pour transmettre les messages nazis, le manège emballé à la fin de *Strangers on a Train*, l'avion qui sulfate des récoltes qui n'existent pas dans *North by Northwest*… mais l'objet le plus délirant est sans conteste le corps momifié de Mrs Bates dans *Psycho* : atroce et risible, il met violemment fin à cette incroyable psychose vécue tout au long du film avec le héros aliéné.

Une utilisation inédite et poétique de l'objet apparaît dans *Blackmail*, où la fonction du couteau est détournée métaphoriquement sur le mot qui le désigne : Alice (Anny Ondra), qui vient de tuer un homme avec un couteau à pain, rencontre des difficultés… pour beurrer ses tartines ! C'est alors qu'une commère s'avance à l'entrée de la pièce où la famille prend son petit déjeuner, s'attardant d'une voix nasillarde à commenter l'incongruité d'un meurtre au couteau : l'incessante répétition du mot « *breadKnife* » poignarde littéralement la jeune femme ; le couteau lui échappe des mains et manque de blesser ses parents avant de retomber au sol. La criminelle s'enfuit.

### *Détournements/retournements*

Les films d'Hitchcock abondent de ces retournements imprévus où tout est sauvé lorsque tout paraissait perdu[38], comme l'écrit Sartre à propos de la philosophie.

Comment un objet « détourné » parvient-il à modifier un processus, à le retourner ? *Tourner* est l'action-clé dans les deux mots... mais il peut sembler paradoxal qu'un *dé*tournement (le *dé*- signifie l'éloignement, la séparation) engendre un *re*tournement, le *re*- supposant un retour en arrière, une inversion, un changement de position.

Une séquence devenue légendaire, l'assassinat pratiqué par Grace Kelly avec une paire de ciseaux dans *Dial M for Murder* (« Le crime était presque parfait », 1954), révèle ce double processus. Un mari trompé et entretenu, Tony Wendice (incarné par Ray Milland), a décidé de supprimer sa femme pour jouir de sa fortune : il choisit de la tuer par procuration et fait subir sans difficulté un chantage à un individu peu recommandable, Swan Lesgate (Anthony Dawson), ancien camarade de Cambridge ; tous deux répètent les étapes d'un crime soigneusement prémédité. Le criminel est armé... d'une écharpe, la victime saisira in extremis une paire de ciseaux sortie de la boîte à couture, objets ironiquement féminins. Or l'assassin est assassiné !! Le foudroyant retournement de situation rend cyniquement hommage à « l'arroseur arrosé » du cinéma muet. La mise en scène fait littéralement fusionner le propre et le figuré ; la magnifique image du corps *renversé* de Grace la main désespérément tendue vers les ciseaux, attribut d'Atropos, l'une des Parques chargée de couper le fil des jours, a garanti toute la campagne publicitaire du film, et au-delà.

---

[38] « Vingt-cinq siècles de philosophie nous ont rendus familiers avec les retournements imprévus où tout est sauvé lorsque tout paraissait perdu » : J.-P. Sartre, *Situations I*, p. 173.

Penché sur le corps féminin, Swan se renverse ensuite, tombe brutalement sur le dos sous le coup de la tranchante lame qui l'achève. L' « innocente » s'est métamorphosée : l'agnelle est devenue… « renarde ». La mètis[39] du renard a éclaté en un retournement inattendu contre l'adversaire ! La jeune femme a su *se plier à l'imprévu*. Sa souplesse l'a sauvée, lui a donné la victoire dans un domaine « où il n'est pas pour le succès, de règles toutes faites, de recettes figées, mais où chaque épreuve exige l'invention d'une parade neuve, la découverte d'une issue cachée[40] ». Mais la « victoire » de la jeune femme est de courte durée : la métamorphose était seulement liée à l'instinct de survie. Le renversement n'est pas de l'ordre de intellect ; Margot est limitée à ce corps souple, élégant et aimant. La ruse est du côté de ce mari qui a réponse à tout, aux questions naïves de sa femme comme aux questions insidieuses de l'inspecteur Hubbard (John Williams).

Tony Wendice ne se laisse pas abattre ! Il utilise le renversement de situation en abandonnant son épouse à la sentence de la justice, la condamnation à mort. « Ce qui semble avoir retenu Hitchcock dans ce film, c'est le détail d'une machination démoniaque, ce sont les rouages d'une mécanique tellement bien conçue qu'elle contenait implicitement *une seconde détente* en cas d'échec[41] » écrit Jacques Doniol-Valcroze. La *seconde détente* se manifeste par l'introduction de nouveaux objets : deux bas de soie.

---

[39] *Mètis* désigne, comme nom commun, une forme particulière d'intelligence, comme nom propre, une divinité grecque : la fille d'Océan. Apparemment falote, la déesse Mètis sait réagir au danger en faisant usage de la ruse grâce à la souplesse qui la caractérise.

[40] M. Détienne et J.-P. Vernant, *Les ruses de l'intelligence. La mètis des Grecs*, Paris, Flammarion, coll. « Champs », 1993, p. 28-29.

[41] J. Doniol Valcroze, *Cahiers du cinéma n° 44*, p. 50.

Afin de détourner l'attention de tous (sauf la nôtre, puisque nous savons ) et d'accabler son épouse, Wendice brûle l'écharpe compromettante, cache l'un des bas sur le bureau (sous le sous-main) et jette l'autre sur la terrasse. La stratégie paraît efficace puisque l'objet est accusateur : après s'être débarrassée de son maître chanteur[42], pourquoi la jeune femme n'aurait-elle pas simulé sa propre strangulation ? L'ingénieux inspecteur parvient malgré tout à piéger le non moins ingénieux Wendice ! Il pressent le système du meurtrier qu'il parvient à retourner contre lui.

Hitchcock a pris soin de nous avertir de l'enraiement de la « mécanique » par deux très gros plans, sur la montre arrêtée et sur la touche « M » du cadran téléphonique, montré avec insistance dès le générique. On remarque que la tension se situe du même côté sur les deux objets, dans une portion « ouest » : téléphone et montre associés sont les rouages de la mécanique criminelle. Elle se déclenche précisément après le cadrage du doigt de Wendice sur la touche : les rouages s'enclenchent aussitôt. Le spectateur s'attend à un rebondissement… Comment le meurtrier ne serait-il pas déstabilisé par le retard du *coup* de téléphone, le détonateur de l'assassinat ? Après maints regards sur sa

[42] Wendice a fait voler le sac de sa femme pour y subtiliser une lettre compromettante adressée son amant et la fait chanter anonymement : elle peut donc imaginer que Swan est le maître-chanteur.

montre et sur l'objet inerte, Lesgate est sur le départ quand retentit enfin la sonnerie. La montre n'a pas été remontée mais le téléphone[43]... si ! Il joue le rôle d'un « réveil » pour Margot et la téléguide vers le bureau, endroit prévu pour la strangulation. Jean Narboni écrit que « le découpage hitchcockien consiste à déployer le sens de présages, à dérouler les arrière-mondes contenus dans les signes annonciateurs, selon une figure dynamique enfermant la séquence au fur et à mesure qu'elle la développe[44] ». Malgré la perfection du plan, Wendice commet l'erreur fatale de reprendre la clé dans l'imperméable du mort pour la replacer où il l'a dérobée, dans le sac à main de sa femme... mais cette clé est celle de Swan ! Ce dernier a replacé la bonne clé sous le tapis de la cinquième marche dès son arrivée, un détail non intégré dans le plan[45]. Après avoir testé Margot (elle demeure perplexe face au dysfonctionnement de sa clé), l'intuitif inspecteur procède à un échange d'imperméables, celui de Wendice contre le sien, afin de vérifier son hypothèse : privé de clé, celui-ci

---

[43] Le téléphone est détourné de sa fonction ordinaire par Hitchcock dans de nombreux films : dans *Blackmail* Alice et son fiancé discutent à l'intérieur d'une cabine téléphonique pour ne pas être « écoutés » mais le maître-chanteur voit à travers la vitre la preuve irréfutable de la culpabilité de sa fiancée, un gant trouvé sur les lieux du crime ; le motif de la cabine/piège est repris dans *The Birds* ; le téléphone marque « l'absence de communication » dans *Shadow of a Doubt*, s'avérant moins efficace que la télépathie ; il trahit l'absence de Guy à son domicile lors de l'assassinat de sa femme dans *Strangers on a Train*, ou encore, il sert de « piège » à la fin de *Rear Window* lorsque Jeff se fait identifier par Thorwald en répondant.

[44] J. Narboni, « Visages d'Hitchcock », in *Cahiers du cinéma hors série (n°8)*, *op. cit.*, p. 32.

[45] Swan n'a pas respecté les consignes, ceci malgré l'insistance de Wendice : " [...] the most important thing... As you go out, return the key to the place where you found it".

est contraint d'utiliser celle de son épouse (la clé de Swan) toujours dans le sac déposé au commissariat de police. Se trahira-t-il par un retour à la cinquième marche ? La *marche arrière* n'était pas intégrée dans le plan. Wendice tente en vain d'ouvrir, repart ; à l'instant précis où l'on a cessé d'y croire, il s'arrête, comprend où se trouve la clé, se retourne, revient sur ses pas, et la situation se renverse. La clé « démarquée » depuis le crime (elle ne tourne plus rond ) remplit une fonction double et contraire : elle dénonce le coupable et innocente la victime. La prodigieuse idée d'un objet accusateur et salvateur à la fois est spécifiquement hitchcockienne[46].

Le même objet, une clé, est utilisé de façon totalement différente dans *Notorious* mais déclenche un retournement aussi dramatique. Le secret recélé dans la cave est révélé grâce à la maladresse de Devlin, agent de la FBI incarné par Cary Grant : il casse une bouteille remplie d'uranium. La complicité d'Alicia (Ingrid Bergman), épouse d'Alex Sebastian (Claude Rains), lui a permis de s'introduire dans la luxueuse demeure devenue le repaire d'espions nazis. Alicia a accepté de se sacrifier pour démasquer les activités clandestines d'Alex. Celui-ci comprend le double jeu de sa femme au moment précis où le champagne venant à manquer (au buffet Hitchcock savoure l'une des dernières coupes !), il constate que la clef du cellier a disparu du trousseau. Elle réapparaît miraculeusement le lendemain et Alex découvre la bouteille brisée. Une clé et une fausse bouteille de vin ont déclenché l'inversion de la situation

[46] Le briquet de *Strangers on a Train* (1951) évoqué par Godard fait partie de ces objets « duplices » : mis en jeu pour accuser guy (Farley Granger), le briquet au final l'innocente ; il est retrouvé serré dans la main du coupable (Robert Walker) écrasé sous le manège.

initiale : Alex, espionné par sa femme, devient l'espion de celle-ci, soit « l'espion de l'espionne ».

Hitchcock se plaît à détourner un objet en vue de retourner une situation dès ses premiers films ; il restera fidèle à ce processus tout au long de ses créations. Le bracelet en forme de serpent offert à Nelly ( Lilian Hall Davies) par son amant (Ian Hunter) connote l'adultère, thème de *The Ring* ; repêché dans l'eau (purificatrice) du fleuve, le bijou est ensuite glissé au doigt de la jeune femme par son mari (Carl Brisson) : la situation s'est retournée comme un gant… de boxe ! Le combat était métaphorique (le titre l'affiche), le cœur de la belle est *re*gagné par son époux en même temps que le match. Le bracelet de la discorde a pris la forme d'une « alliance ».

Menaçante et grotesque, l'enseigne de *Barbor Dentist* (un atroce râtelier cadré plein écran) annonce un éminent danger dans *The Man Who Knew Too Much* (1934) : inquiété par l'étrange praticien (Henry Oscar), le patient (Leslie Banks) s'empare du masque anesthésiant qu'il plaque sur le visage de celui-ci  pour le neutraliser ; l'objet change ici de « fin » sans pour autant changer de fonction. L'inversion de rôles, ainsi qu'une facétie du cinéma muet, entraîne un cocasse retournement de situation. Lorsque le tueur à gages (Peter Lorre) s'introduit dans le cabinet, le patient en blouse blanche penché sur le dentiste anesthésié a compris qu'il se trouvait dans un repaire de bandits : il sauve sa peau… à défaut de ses dents !

Une séquence de *Stage Fright* (« Le Grand alibi », 1950), tournée dans un théâtre (endroit propice à ces retournements que l'on appelle des « coups de théâtre ») présente un miraculeux retournement lié à un accessoire, un faux carrosse, dans une situation pourtant pressentie sans issue. Ève (Jane Wyman), convaincue de l'innocence de son ami Jonathan pourtant recherché pour meurtre

(Richard Todd), le suit, s'enferme avec lui (ils se tiennent dans la coulisse ) dans le carrosse. Détourné de sa fonction théâtrale, l'objet est cependant investi du pouvoir magique d'un conte de fées. Jonathan avoue subitement sa culpabilité et informe Ève de ses pulsions criminelles : la seule façon d'échapper à la condamnation ne serait-elle pas une nouvelle pulsion, preuve de son irresponsabilité ? Se succèdent des champs-contrechamps sur le regard fou de Jonathan et le regard pénétrant d'Ève, puissantes lumières émergées de l'ombre ; la caméra glisse ensuite voluptueusement jusqu'aux mains du meurtrier qu'elle cadre en très gros plan : la jeune femme s'en empare et retourne tendrement ces mains prêtes à l'étrangler sans cesser de transpercer Jonathan par la flèche de son regard. « La fée » descend ensuite du carrosse et, à son tour, entraîne « le méchant » (les rôles se sont inversés !), le fait pénétrer calmement dans la fosse d'orchestre, ferme avec empressement la porte au verrou : le meurtrier parvenu à se hisser sur scène est décapité par le rideau de fer.

L'appareil photo transformé en arme à la fin de *Rear Window* (« Fenêtre sur cour », 1954) permet à Jeff (James Stewart) de (se) sortir in extremis (par la fenêtre !) d'une situation sans issue apparente. Le reporter se laisse piéger dans son propre appartement par Thorwald[47] (Raymond Burr), soupçonné d'avoir assassiné et découpé sa femme. Sa jambe plâtrée l'empêche de fermer la porte à clef ; la lumière extérieure s'éteint ; les pas pesants de Thorwald dans la cage d'escalier scandent la montée de l'angoisse.

[47] Thorwald comprend que l'auteur de la lettre anonyme est son voisin d'en face (par le geste de Lisa, l'alliance de la morte au doigt) et le vérifie en lui téléphonant : la lettre est aussi un objet démarqué, n'étant pas destinée à faire chanter le meurtrier mais à l'extirper de chez lui pour fouiller son appartement ; quant au téléphone, il renseigne… l'assassin, dénonçant Jeff qui attend sa visite.

L'imposante silhouette du meurtrier surgit sur le seuil de la porte ; il ne lui reste que quelques marches à franchir dans l'obscurité pour se débarrasser du maître-chanteur.

L'ingénieuse idée d'Hitchcock *via* le reporter est d'utiliser l'appareil photo pour aveugler l'ennemi, soit de retarder l'issue redoutée et accroître l'angoisse du spectateur... mais aussi de jouer discrètement avec le langage : Jeff tire à coups de flashes jusqu'à épuiser ses munitions, une par marche, ce qui détermine autant de degrés de montée de l'effroi. La scène est éblouissante : la violence du clair-obscur est décuplée par la succession des lumières rouges inondant l'écran et retardant le corps à corps des deux personnages. La métaphore de l'appareil photo comme instrument de meurtre avait tenté le cinéaste une trentaine d'années plus tôt : l'héroïne (Isabel Jeans) de *Easy Virtue* (« Le passé ne meurt pas », 1927) déclare à la horde de photographes en attente devant le tribunal : « Allez-y, vous pouvez me mitrailler, il n'y a plus personne à tuer ».

Que l'objet soit multifonction (une corde), fonctionne à contre-emploi (un métronome, un téléphone) ou à contre-sens (les ailes d'un moulin), qu'il soit détourné (une bouteille, un coffre, une paire de ciseaux, un four) ou privé de sa fonction (un carrosse, une clef), que sa fonction soit simplement figurée (tirer, mitrailler) ou que la sonorité particulière de son nom (*knife*) soit révélatrice, une même caractéristique définit l'inventivité constante d'Hitchcock : les objets mis en scène sont démarqués malgré l'apparence d'un paisible contexte. Ce travail sur l'objet semble aller à l'encontre de « l'expressionnisme », de sa représentation diffuse et mouvementée du monde. Mais le souple et le solide coexistent sans se nuire, ainsi que le propre et le figuré, ou encore la métaphore et le symbole. Hitchcock excelle dans la réconciliation des contraires : parmi ces objets démarqués, n'est-il pas saisissant que ceux qui habituellement éclairent notre existence… mettent en lumière l'obscurité et l'incertitude ?

## *Objets lumineux*
(ou l'éloge de l'obscurité)

Les objets qui dispensent de la lumière dans le cinéma hitchcockien ne sont pas systématiquement éclairants.

Abat-jour, ampoules, bougies, enseignes lumineuses, lampes, torches électriques… fonctionnent en dépit du bon sens ou du sens commun, pour cependant toujours donner un sens au film, inattendu et d'autant plus perturbant qu'il n'est jamais définitif. Ces objets se remarquent plus ou moins : l'ampoule de *Sabotage* nous aveugle littéralement dans son cadrage plein écran mais le verre de lait qui focalise notre regard dans *Suspicion* paraît suspect sans que nous nous disions pour autant qu'il contient une ampoule ! Quant à la modeste ampoule éclairant la cave de *Psycho*, elle « apparaît » tel un halo au premier plan, sorte d'astre nocturne éclairant Mrs Bates. L'illusion cesse brutalement au moment précis où le fauteuil bascule (en même temps que la situation), livrant la face de la mère empaillée.

Secouée en tous sens par Leila, l'ampoule exprime un terrifiant et cynique « eurêka », symbole visuel de la résolution de l'énigme marquant la fin de notre psychose. De même que le crime ne saurait exister sans son contraire apparent, l'innocence, la lumière participe de l'obscurité : le plan démesuré de l'ampoule est suivi dans *Sabotage* d'une vue de Londres plongée dans le noir, effet d'un premier attentat. Le verre de lait de *Suspicion* ne sera pas consommé mais *sa noirceur secrète* nous est apparue sous la forme d'une ombre chinoise au sortir de la cuisine avant de revêtir la blancheur qui suscite le doute. L'ampoule de *Psycho* nous renvoie à notre propre noirceur puisque nous avons ressenti une immense sympathie pour un criminel dont nous avons, à chaque instant du film, partagé la folie.

La lumière et l'ombre qui émanent des objets ne sauraient être liées à une trop facile opposition bien/mal. Hitchcock n'est jamais manichéen ; les criminels ont une part d'innocence, les innocents, des reproches à se faire : l'épouse timorée et rigide préfèrera croire que le verre de lait contient du poison et se laisser gagner par le soupçon plutôt que d'avoir confiance en l'amour d'un mari frivole. Bruno incarne l'inconscient de Guy dans *Strangers on a Train* en réalisant son désir le plus sombre, son fantasme inavoué : le meurtre de son épouse. Hitchcock l'affiche… malicieusement[48] en glissant un L entre le G et le E du mot *Strangers* pour écrire *Stranglers* sur une affiche originale !

Les points de repère constitués par les objets dans notre quotidien sont fragilisés par les inventions d'Hitchcock, par les multiples fonctionnements développés en relation à la psychologie des personnages, et surtout du spectateur : comment des objets ordinaires produisant de la lumière ou naturellement lumineux peuvent-ils nous déstabiliser ?

---

[48] J.-P. Eugène, *La Musique dans les films d'Hitchcock*, *op. cit.*, p. 64.

### *Éclairages à la bougie*

Hitchcock accomplit l'exploit de se débarrasser d'un mode d'éclairage ancien en l'utilisant ! *Number Seventeen* (« Numéro dix-sept », 1932), film anglais peu prisé par le public comme par les critiques (même Chabrol et Rohmer n'y voient qu'une « une aimable mystification [49] »), est pourtant extrêmement inventif et prometteur, contenant véritablement les fondements du cinéma hitchcockien[50].

Quelques minutes après le début du film, à la lueur violemment contrastée d'un bougeoir tenu en hauteur, surgit une ombre par-delà la balustrade du dernier étage. L'ombre terrifiante se révèle être au final un personnage inoffensif qu'elle a étoffé en une apparition spectrale : elle est l'enveloppe provisoire d'un sympathique clochard.

---

[49] C. Chabrol, Éric Rohmer, *Hitchcock* (1957), Paris, Ramsay, coll. «Poche cinéma», 2006, P. 48.

[50] Voir introduction de *L'escalier dans le cinéma d'Alfred Hitchcock, une dynamique de l'effroi*, Paris, L'Harmattan, 2008, p. 13-24.

La technique expressionniste fonctionne à merveille : associée à l'être, l'ombre agit tel un écran qui arrête la lumière, retardant ainsi l'émergence au jour. Apparaître, comme l'écrit Heidegger, c'est *ne pas se montrer*[51], et cette invisibilité est terriblement angoissante puisqu'elle relève de l'incertitude. La coïncidence d'un personnage avec son ombre est insupportable car elle implique une imminente dissociation pour le meilleur (comme ici) ou pour le pire, comme dans *Vertigo* : l'ombre infernale du clocher, projection du remords qui ronge l'héroïne et la pousse à se jeter dans le vide, délivre au final (mais trop tard !) le corps d'une envoyée de Dieu.

Le problème est qu'il n'y a ni constance ni certitude dans le cinéma Hitchcockien. Une perpétuelle invention à partir de procédés identiques déstabilise intensément le spectateur : l'ombre peut « faire corps » avec un gentil clochard ou une innocente religieuse… mais aussi avec de terrifiants psychopathes !! Jean Douchet évoque dans son essai sur Hitchcock[52] la « force extrême » de la forme indistincte derrière le rideau de douche (Norman dans *Psycho*) et le « combat monstrueux de deux ombres » (Bruno et Miriam dans *Strangers on a Train*) filmé dans le reflet des verres de lunettes. Le critique exalte la puissance de l'ombre sans pour autant différencier « l'ombre projetée » de ce que l'on appellera « l'ombre-corps » : si l'ombre projetée du meurtrier recouvrant celle de la fille dans le tunnel d'amour est saisissante (romantique vision !), la minuscule ombre-corps de Bruno[53] découpée

[51] M. Heidegger, *Être et temps*, traduction E. Martineau, Paris, Authentica, 1985, p. 42-49.

[52] J. Douchet, *Hitchcock, op. cit.*, 192-194.

[53] « Cela équivalait à un gros plan » expliquera Hitchcock à François Truffaut et Claude Chabrol (« Entretien avec Alfred Hitchcock », in *Cahiers du Cinéma n° 44, op. cit.*, p. 26).

sur l'imposant Memorial Washington, accablant point noir sur l'étendue immaculée, revêt une puissance inégalée.

Des ombres démesurées décuplent l'aspect lugubre de l'escalier délabré, cadre de l'action des quarante premières minutes de *Number Seventeen*. Peu de temps après son apparition, on peut voir Ben se pétrifier de terreur face à l'ombre portée de gouttes maculant lentement le plancher. Fausse alerte ! De simples gouttes de cire dégoulinent de sa propre bougie… tenue de travers. Cet éclairage suscite à deux reprises l'angoisse du spectateur, joue avec ses nerfs, en lui faisant peur *pour rien,* façon de mettre en doute le mode d'emploi expressionniste (un clair-obscur dans un escalier pour produire de la frayeur), au final peu éclairant. Sur un ton délibérément parodique, la référence au cinéma expressionniste se précise : Ben (Leon M. Lion) et le détective Barton (John Stuart), bougies à la main, découvrent un cadavre ; la fulgurante traversée d'un train coupe alors le tissu narratif, suivie d'un gros plan sur les têtes grotesquement déformées par la peur. Le cinéaste rend un ironique hommage à la célèbre séquence des escaliers d'Odessa du film d'Eisenstein, *Le Cuirassé Potemkine*.

— *Dans vos films, il y a opposition entre l'ombre et la lumière. Avez-vous été influencé par l'expérience expressionniste ou par l'œuvre de Fritz Lang ?* demandent Jean Domarchi et Jean Douchet à Alfred Hitchcock ; celui-ci répond : — « Quant à l'expressionnisme, je vous dirai que je ne subis pas d'influence, je ne vais jamais au cinéma. En trente-cinq ans, je n'ai été qu'une fois sur un autre plateau, lorsqu'on m'a fait visiter les Studios Paramount. Je suis trop nerveux pour rester sur un plateau[54] ».

---

[54] J. Domarchi et J. Douchet, « Entretien avec Alfred Hitchcock », in *Cahiers du Cinéma n° 102*, *op. cit.*, p. 24-25.

Si Hitchcock est redevable au cinéma expressionniste, on ne peut pas dire qu'il soit « influencé » par ce cinéma : il en a saisi l'impact essentiellement visuel et reprend délibérément techniques, outils visuels, processus, figures … qu'il transforme, réinvente, faisant preuve d'un pouvoir de renouvellement prodigieux. Des procédés identiques donnent ainsi différents sens : il s'agit pour Hitchcock de *répéter* des formes pour les *changer*.

Un procédé employé au début de *Number Seventeen*, pour prendre un exemple précis, est réutilisé une dizaine d'années plus tard dans *Rebecca* ; l'intention est radicalement opposée. Le premier film s'ouvre sur une branche frénétiquement secouée sous la violence d'un vent… qui décoiffe : nous ne sommes pas surpris de voir apparaître un chapeau dans le plan ; son trajet, filmé en travelling latéral tout au long du trottoir, s'interrompt subitement devant une maison abandonnée : le « Numéro dix-sept ». Ascendant cette fois, un second travelling suit lentement la montée d'une étrange lueur à l'intérieur de la maison, via le regard du propriétaire du chapeau (et le nôtre !) jusqu'à une pancarte indiquant *for sale or would let*. Nous sommes désormais intrigués : la maison est-elle réellement vide ? C'est seulement après l'apparition spectrale sur le palier du dernier étage que nous comprenons : la mystérieuse lumière était tout simplement la flamme d'une bougie accompagnant Ben dans sa montée de l'escalier branlant. Hitchcock conçoit un parcours lumineux comparable à la fin de *Rebecca* pour susciter l'inquiétude et le trouble. En pleine nuit, Maxim de Winter (Laurence Olivier) regagne Manderley où l'attend sa nouvelle épouse (Joan Fontaine). A proximité du domaine, un irrépressible pressentiment l'étreint, le conduisant à accélérer l'allure de son véhicule. Le spectateur seul bénéficie alors d'une saisissante image : un plan fixe cadre en contre-plongée les trois fenêtres supérieures de l'imposante demeure modelée par un violent clair-obscur. Une lueur surgit à droite : le *punctum* étincelant illumine successivement chacune des fenêtres.

Nous comprenons au plan suivant que le mystérieux trajet lumineux est celui de la flamme d'une chandelle tenue par Mrs Danvers (Judith Anderson) descendant l'escalier dans l'obscurité. Ben montait avec sa bougie, (se) faisait peur pour rien… Mrs Danvers descend et fait peur pour de bon. Nous avons déjà vu à ce moment du film comment sa folle passion pour Rebecca (pourtant disparue) l'a conduite à harceler la naïve épouse de Maxime de Winter jusqu'au paroxysme d'une incitation au suicide.

Ensuite, les personnages, dans leurs registres respectifs, sont fantomatiques. Ben surgit de face (il nous affronte) ; Mrs Danvers rigoureusement de profil (elle nous échappe), appartient aux Ténèbres qu'elle traverse, avec lesquelles elle fusionne corps et âme : seuls le visage et la main reliés par la montée de la flamme émergent de la sombre image sans repère ni fond[55]. La séquence est d'autant plus saisissante qu'elle est la seule où on la voit se déplacer : « Mrs Danvers se trouvait là, toujours là, debout, sans bouger. C'était un moyen de montrer cela du point de vue de l'héroïne : elle ne savait jamais où était Mrs Danvers et

[55] Et Hitchcock s'exprime par les moyens purement visuels du cinéma expressionniste.

c'était plus terrifiant ainsi[56] [...]» explique Hitchcock. Au contraire, le personnage de *Number Seventeen* arpente l'escalier de long en large avec une chandelle dont la vaillante flamme exprime la joie de vivre. Si la bougie allumée aux anniversaires honore la vie, brûlant auprès du défunt, elle célèbre la mort : ces symboliques opposées sont mises en scène au moyen de procédés identiques. Hitchcock parvient à exprimer la parfaite complémentarité des significations et des personnages d'un film à l'autre.

« En écrivant sur la chandelle, nous voulons gagner des douceurs d'âme. Il faut avoir des vengeances à exercer pour imaginer l'enfer. Il y a dans les êtres de cauchemar un complexe des flammes d'enfer que nous ne voulons pas, de près ou de loin, alimenter[57] » écrit Bachelard. Si *la douceur d'âme* de Ben n'est pas exempte de filouterie (il est voleur et menteur), « la noirceur » de Mrs Danvers n'exclut pas la *grandeur d'âme* : fidèle et héroïque, elle n'hésite pas à s'immoler par les flammes. Mrs Danvers « est » la chandelle qui l'oriente dans le noir : Hitchcock lui confère la vaillante et fragile verticalité de la flamme, cette force ascensionnelle la dirige. Lorsque la caméra pivote pour cadrer Mrs Danvers de trois quart dos, nous passons d'« un univers mental » à « un lieu déterminé » : initialement grandiose et atemporelle, l'héroïne revient au rôle de gouvernante et découvre Mrs de Winter endormie dans la bibliothèque, auprès du feu de bois. Un plan prodigieux cadre les deux sources de feu diamétralement opposées : la flamme contre le foyer. Après un demi-tour sur elle-même, Mrs Danvers se fige, et nous assistons à la progressive illumination de son visage à la lueur de la

---

[56] *Hitchcock/Truffaut*, *op. cit.*, p. 106. Remarquer que ce déplacement se produit lors du sommeil de Mrs de Winter pour le spectateur seul.
[57] G. Bachelard, *La flamme d'une chandelle*, Paris, PUF, 1961, p. 11.

bougie, sous l'emprise d'une pensée qui nous échappe… Hitchcock associe adroitement la lueur de la flamme à l'idée subite ! Une terrible expression déforme soudain les traits de cette femme devenue « une illuminée ».

Le cœur embrasé de Mrs Danvers aspire à rejoindre Rebecca dans l'enfer où elle expie les tortures infligées à son mari ; le sacrifice était déjà suggéré par la descente dans le noir, un passage vers la mort. Nous connaissons la suite : la gouvernante met le feu à Manderley et s'immole. « Une force ascensionnelle rétablit ses prestiges[58] » écrit Bachelard à propos du pouvoir de redressement de la flamme. En se redressant, Mrs Danvers se purifie.

*I Confess* comporte une belle scène éclairée à la bougie. Keller (Otto E. Hasse), sacristain dans la paroisse du Père Logan, abuse de la confiance de ce dernier : il revêt la soutane du prêtre pour commettre un crime. Voyant par la fenêtre un individu pénétrer dans l'église, Logan s'y précipite. Scrutant la nef depuis l'autel, il ne perçoit rien d'autre qu'une vaste étendue noire. Il allume un cierge, descend dignement à la recherche de l'intrus, découvre Keller qu'il illumine de sa flamme : symbole de la lumière de l'âme humaine en son élan vers le créateur, la flamme n'incite pas pour autant le coupable à se livrer ! Son regard brille plutôt d'un éclat inquiétant. Persuadé à juste titre que le prêtre, tenu à « La loi du silence », ne le trahira pas, il réclame la confession et se soulage la conscience. La lumière céleste n'ayant aucun effet sur l'assassin, Logan abandonne le cierge et emmène Keller dans le sombre confessionnal : la descente en enfer a commencé.

Une mise en relation du cierge de *I Confess* avec les chandeliers de *Rope* s'impose : attachés à une même

---

[58] *Ibid.*

vocation cultuelle, ces objets sont subvertis dans les deux films : la flamme du cierge aide le Père Logan à s'orienter dans le noir comme le ferait une torche électrique, et les chandeliers allumés sur le coffre/buffet/autel honorent le mort tout en agrémentant cyniquement une réception. Hitchcock joue avec une symbolique devenue caduque. L'esprit saint ne compte pas pour Keller dans *I Confess* : l'assassin aime le tangible et s'adresse à un être humain « muet comme une tombe », et non à un représentant de Dieu. En fin de service, Mrs Wilson souffle les chandelles, abandonnant la victime de *Rope* au repos éternel.

***R**enseigne**ments lumineux***

Des enseignes lumineuses clignotent dès les premiers films : *The Lodger* (« Les cheveux d'or », 1926) s'ouvre sur le cri d'une jeune femme cadrée en très gros plan, suivi d'un monochrome sombre où s'inscrivent mot à mot en lettres lumineuses TO — NIGHT — GOLDEN GIRLS. Nous retrouvons la jeune femme au plan suivant, gisant au sol, assassinée. Il appartient au spectateur d'établir le lien entre le meurtre et l'enseigne du night-club : une première piste est donnée. Comme toujours le cinéaste joue avec le langage : *neon sign* (littéralement *signe lumineux*) signifie « enseigne lumineuse » ; *sign* est issu du latin *insignia*[59] « indice », « preuve ». Nous sommes éclairés sur un point, la victime est blonde : *the seventh Golden haired victim*…

Hitchcock « apparaît » à l'écran pour la première fois ! Journaliste anonyme mis en scène de dos et à contre-jour, il s'agite au premier plan : à qui téléphone-t-il ? Que sait-il de l'assassin qui signe « Le Vengeur » ? Le mystère est complet. Nous sommes cependant avertis que l'obscurité plane sur une figure de premier plan qui est peut-être aussi

[59] De *insignare*, « signaler » ; le mot aboutit à *enseigner* et *renseigner*. L'enseigne est lumineuse : métaphore visuelle, elle renseigne.

innocente que le cinéaste à l'avant de l'image ! Pourquoi le locataire (Ivor Novello) est-il montré un peu plus loin caressant la chevelure blonde de Daisy (June) en murmurant « magnifiques cheveux dorés » ? À l'arrière du plan où Hitchcock « pose » l'énigme, la répétition de fenêtres ouvertes sur des bureaux en enfilade constitue une trame géométrique sur laquelle gesticulent les journalistes en tous sens ; la quantité de lampes suspendues au-dessus de leurs têtes ne permet pas pour autant d'*éclaircir* l'affaire... Le motif de la croix se répète *quatre* fois dans l'armature des fenêtres avant de se démultiplier. Les *quatre* mots de l'enseigne sont apparus *quatre* fois. Ce chiffre rattaché à la croix annonce la saisissante représentation d'un « Christ aux outrages » : la foule lynche le locataire et le suspend par les mains à une grille dont les barreaux évoquent les lances des soldats. Même lorsque le héros est innocenté, une véritable meute humaine s'acharne sur lui, le frappe : le sang issu de la bouche parachève l'image biblique.

Hitchcock n'a pas cessé d'orienter sur une fausse piste, accablant le locataire de multiples charges. Parallèlement, il nous a livré de lumineux indices : l'ombre énigmatique de l'étrange héros s'est révélée bien plus éclairante que toutes ces lumières déversées sur la confusion régnant dans la ville. La lumière nocturne des enseignes comme des suspensions électriques n'a servi qu'à désigner un faux coupable, à alimenter une erreur : comment la lumière artificielle, jour apparent, aurait-elle pu délivrer la vérité ? Les objets les plus lumineux peuvent éblouir ou aveugler.

Une dizaine d'années plus tard Hitchcock renouvelle l'expérience : ouvrir le film sur une enseigne lumineuse. *The Thirty Nine Steps* (« Les trente-neuf marches », 1935) commence par un lent travelling latéral sur l'enseigne du Palladium, un célèbre music-hall londonien. Un « M » fait de cercles lumineux émerge d'une profonde obscurité, suivi d'autres lettres s'illuminant successivement pour afficher MUSIC HALL au rythme d'une musique enjouée.

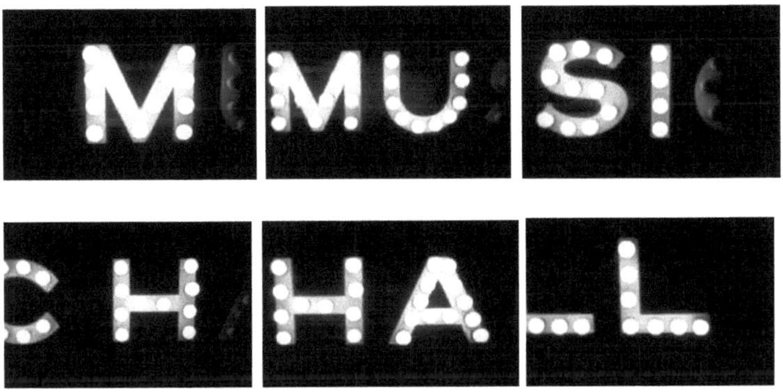


Il faut attendre la fin du film pour comprendre qu'Alfred Hitchcock ne nous r*enseigne* pas seulement sur le lieu où se trouve par hasard Richard Hannay (Robert Donat). Entré pour se distraire, Hannay s'amuse du numéro de Mr Memory, l'homme qui a réponse à tout grâce à une fabuleuse capacité d'enregistrement des données les plus diverses. Une bagarre éclate, une jeune femme implore son aide… et le voilà soudain propulsé dans une histoire d'espionnage insensée, dans une course poursuite à travers l'Écosse ; ne sachant ni où il va ni pourquoi il agit ainsi, Hannay est absurdement transformé en héros et atteindra un but non moins absurde : un retour dans le music-hall, où il faudra juste poser à Mr Memory la bonne question. Le secret se trouvait « à l'intérieur », au fond de la salle… et de la mémoire. Cette conception de l'aventure ne manque pas d'humour. La première lettre du premier plan était un « M » comme Memory, allumée pour nous mais pas encore éclairante. L'insistance sur le cercle avec la structure des lettres suggère clairement le circuit (pas le « court-circuit » mais le circuit le plus long !) et le retour.

Deux films présentent une remarquable utilisation de banals néons extérieurs ayant une incidence intérieure : *Rope* et *Vertigo*. Les néons s'allument à la fin de *Rope* (on a aperçu un « R » comme *Rope* et *Rupert*) au moment précis où Rupert, de profil face à la baie vitrée et tournant le dos aux jeunes gens, sort la corde de sa poche. La caméra cadre l'objet en gros plan puis se fixe sur les mains de Rupert : il malaxe la corde dans un bain coloré successivement vert, blanc et rouge, tout en pivotant sur lui-même jusqu'à faire face aux meurtriers démasqués. L'inébranlable régularité du clignotement alternatif (qui rappelle l'instrument de torture précédent, le métronome) rythme toute la séquence jusqu'à la fin du film : les trois temps colorés de l'implacable mesure scandent les divers comportements des trois hommes, la violence verbale de Rupert (il ne mesure pas ses propos), physique de Philip (il tire, blesse Rupert à la main), la déception de Brandon. Le lieu de réjouissance initial, d'abord métamorphosé en salon mortuaire, devient un antre infernal voué à l'emprise de la coloration artificielle : une même lumière glaçante colore avec indifférence le coffre contenant le mort, les livres abandonnés, les personnages effondrés.

Le procédé est réutilisé dans *Vertigo* : John Ferguson (James Stewart), se sentant responsable du suicide de Madeleine[60] aperçoit dans la foule une jeune femme au profil semblable à celui de la défunte. Il la suit jusqu'à son hôtel et parvient à la séduire. A partir de cette rencontre, le héros est hanté par l'idée de transformer Judy, la passante,

[60] Son acrophobie l'a empêché de parvenir au clocher du couvent pour retenir la jeune femme qui, croit-il, s'est jetée dans le vide. Hitchcock nous ayant donné la solution de l'énigme, nous assistons, impuissants, au drame inéluctable que vivent les amants.

en revenante. Pour ramener Madeleine *D'entre les morts*[61] Ferguson va s'évertuer à désincarner la fille sexy croisée dans la rue (Kim Novak). Ferguson/Pygmalion recrée son idéal féminin en modelant la jeune femme jusqu'à obtenir une complète coïncidence avec la morte. Tailleur gris, chaussures noires, blondeur des cheveux sont retrouvés , ne manque plus que la coiffure. Ferguson assure Judy qu'il l'aimera si elle se relève les cheveux en chignon, ultime touche pour parachever son œuvre : au final, une réplique de Madeleine, elle-même la réplique d'une autre femme que le spectateur seul a vu tomber dans le vide à la place de Judy. La jeune femme disparaît quelques minutes dans la salle de bains, puis la porte s'ouvre sur Madeleine ressuscitée. L'illusion est parfaite ! Elle émerge d'un halo de lumière verte[62] rappelant celle qui l'enveloppait au cimetière avant son suicide, obtenue par des filtres colorés. Hitchcock justifie son choix de l'Empire Hotel de Post Street, précisément pour son enseigne au néon vert qui clignote constamment : « Cela m'a permis de provoquer sans artifice le même effet de mystère sur la fille lorsqu'elle sort de la salle de bains ; elle est éclairée par le néon vert, elle revient vraiment d'entre les morts[63] ». Les effets *artificiels* à l'extérieur et *sans artifice* à l'intérieur se rejoignent dans « l'artefact » : la lumière d'outre-tombe (qu'elle soit obtenue par filtre ou par néon), par essence artificielle, désigne l'imposture de Judy. Le néon vert est on ne peut plus éclairant ! Ferguson se berce d'illusions tout en pressentant qu'il a retrouvé Madeleine dans ce misérable hôtel : le collier de rubis le lui confirmera très vite.

---

[61] Titre du roman inspirateur (1954) écrit par Boileau & Narcejac.

[62] Hitchcock explique que la scène est filmée à travers des filtres de brouillard (*Hitchcock/Truffaut*, *op.cit.*, p. 208-209).

[63] *Ibid.*

Les lampes de chevet ou de bureau passent inaperçues : « l'éclairage indirect » est pourtant poétiquement utilisé par Hitchcock comme source de lumière. De précieuses indications sont délivrées par ces luminaires pour guider le spectateur dans la compréhension d'une situation ou dans la résolution d'une énigme. Mais ces signaux visuels ne sont pas perceptibles lors d'un premier visionnement du film, venant toujours en amont d'un événement.

Les lampes allumées par les personnages hitchcockiens dissipent-elles une part d'ombre les concernant ?

Ignorant qu'il a affaire à un psychopathe, Guy Haines (Farley Granger) prend avec humour la proposition de Bruno Anthony (Robert Walker), l'inconnu rencontré dans le Nord-Express : un échange de crimes, le meurtre du père de Bruno contre celui de l'épouse de Guy. Suite à leur rencontre, Bruno harcèle Guy et étrangle sa femme, à son insu et contre son apparente volonté. Une conversation téléphonique nous apprend que Guy se résout à tuer Mr Anthony pour régulariser l'échange. Révolver et plan de la maison en poche, le jeune homme pénètre chez Bruno. Après un épisode de frayeur dans l'escalier gardé par un terrifiant chien danois, il s'introduit enfin dans la chambre de l'homme à abattre. Hitchcock (toujours attentionné ) nous a placés à l'intérieur en voyeurs impuissants accroupis derrière une lampe de chevet cadrée plein écran. La lampe est éteinte ; *nous sommes dans le noir absolu* : c'est-à-dire que nous ne comprenons rien ! Tapis dans l'obscurité et immobiles (sur plan fixe bien sûr), nous assistons à l'arrivée du supposé tueur, terrifiant car cadré en contre-plongée, comme l'implique notre point de vue. Un travelling circulaire nous conduit ensuite au lit du père, réveillé par Guy : l'homme se redresse et sa silhouette se découpe à contre-jour comme la lampe du plan précédent ; Anthony allume la lampe et *la mise au jour* succède au contre-jour : Bruno surgit couché à la place de son père. La lampe révèle l'identité d'un homme perfide et rusé : il était certain que Guy ne le tuerait pas. Toute cette mise en scène avait pour but d'attirer le jeune homme dans cette chambre pour le « posséder », le duper. La connotation homosexuelle se confirme. On se demande même si le meurtre de la femme embarrassante échangé avec celui du père, n'était pas un moyen pervers pour pénétrer dans l'univers de Guy et procéder à sa séduction. Mots et dialogues révèlent peu ou abusent, telle la décision de Guy de passer à l'acte, à laquelle on croit pourtant jusqu'à l'éclairage apporté par la lampe : seuls les gestes dans leurs relations spécifiques aux objets font sens. Quant au « double lumineux », n'est-il pas aussi la projection de l'inconscient de Guy ? Le désir de supprimer son odieuse femme ne pouvait faire surface. La confusion feinte entre lui et son père accuse la malveillance de Bruno : il relègue son père au Royaume des Ombres et s'incarne dans une inquiétante Lumière artificielle. Si une part d'ombre est dissipée lors de la dissociation de l'ombre et du corps de Bruno, son aspect ténébreux s'inscrit sur le mur en une ombre démesurée. Enfin, Bruno attendait Guy pour le confondre, précisément par une *confusion* entre le père et le fils, en une subversion de l'ordre établi. Déstabilisé et désemparé, Guy a pris conscience de sa faiblesse et compris qu'il était lamentablement prévisible : le célèbre champion de tennis se voit percé à jour par un inconnu.

Si Guy est le jouet de Bruno dans cette séquence, le spectateur est celui du cinéaste : nous n'avons ni saisi que Guy venait informer Mr Anthony du funeste projet de son fils (et non le tuer) ni que Bruno avait pris la place de son père dans le lit pour confondre Guy.

Éclairage et identité seront à nouveau associés dans *Rear Window*, où l'héroïne (Grace Kelly) apparaît sous la forme d'une ombre envahissante, recouvrant sensuellement le corps de Jeff (James Stewart) dans la pénombre. Réveillé par l'ombre radieuse, il participe à un dialogue chuchoté, où il est ironiquement question d'os (la jambe cassée), d'organe (l'estomac vide), et d'amour (au repos). Après un voluptueux baiser, Jeff invite la jeune femme à se présenter. Allumant les lampes une à une, elle décline son identité en trois temps et trois élégants mouvements : — *Reading from top to bottom : I'm Lisa... Carol... Freemont !* — « Is Lisa Freemont who never wears the same dress twice ? ». Sera-t-elle *reconnue* par son amant ? Son existence prendra-t-elle aux yeux de Jeff l'importance espérée ? L'identité de la jeune femme est délivrée par l'image plus que par les paroles : sa jupe de tulle blanche, de forme évasée comme celle des abat-jour, éblouit ! Lisa « brûle de mille feux » pour un homme solitaire qui ne souhaite pas s'embarrasser d'une femme dans ses voyages. En allumant ces trois lampes, Lisa multiplie les tentatives d'embrasement du cœur de son amant... Mais la lumière dispensée par cette femme rayonnante demeure pour Jeff identique à la lumière artificielle produite par les lampes. Le pouvoir métaphorique de l'objet est magnifiquement exploité, en relation au mental des personnages.

### *Traversées des ténèbres*

Quoi de plus banal qu'une lampe torche ? Associée à la méfiance dans *Suspicion* (1941) et *Shadow of a Doubt* (1943), au passage dans *Strangers on a Train* et *The Birds*, elle est investie d'un pouvoir qui la dépasse. Charlie Oakley (Joseph Cotten) a compris que sa nièce Charlie (Teresa Wright) l'a démasqué et tente plusieurs fois de l'éliminer : elle semble tomber accidentellement dans l'escalier, la lampe torche révèlera une marche sciée.

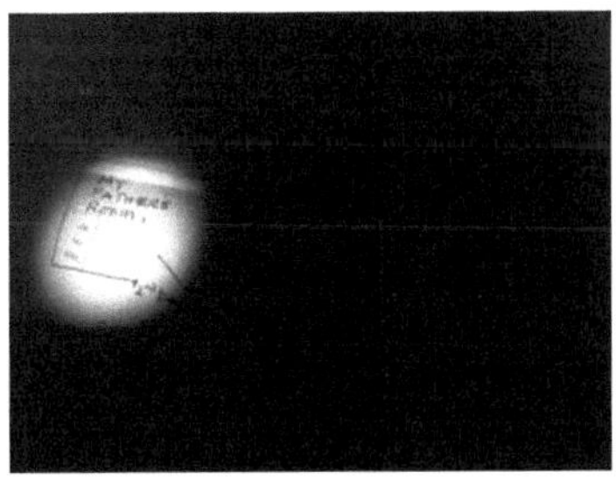

Un cercle lumineux glisse en travelling sur un plan dans la maison des Anthony, plongée dans l'obscurité ; il renseigne en inquiétant, indiquant à Guy Haines le chemin infiniment long à parcourir[64] jusqu'à la chambre de Mr Anthony, l'homme à abattre. Il figure aussi métaphoriquement Guy sur le trajet : un homme *lumineux* dans le « plan noir » d'un psychopathe, projeté dans les Ténèbres. Hitchcock visualise l'essence du film en une image simple et susceptible de passer inaperçue, un schéma abstrait. Le clair-obscur est à la fois métaphorique et signalétique. Le cinéaste excelle dans la fabrication d'images délivrant une multiplicité de renseignements sous la plus apparente banalité qui soit. Les abîmes de l'enfer sont aussi ceux d'*une projection* démultipliée, une sorte de métaphore de

[64] Sans commencement ni fin, le cercle est symbole du temps.

l'acte de filmer. Pour revenir au personnage principal, il est incapable de tuer et résistera à ce que Jean Douchet appelle la *puissance d'absorption des Ténèbres*[65].

Le faisceau éblouissant scindant l'obscurité du plan en deux parties avant l'apparition de Cary Grant avec le verre de lait de *Suspicion* paraît provenir d'une lampe torche.

Nous sommes en présence du même type d'image que précédemment. L'illusion est de courte durée : la lumière provenait de la cuisine qui s'éteint. Le verre surgit en ombre *chinoise*[66], nous livrant la face cachée du lait, puis les données s'inversent, le négatif devenant positif. Nous sommes tout au long du déroulement de la séquence maintenus dans l'illusion : il n'y a pas de lampe torche et le verre est truqué[67] ; la lumière est une pure apparence. Le doute, pourtant annoncé par la couleur… noire, ne sera levé ni pour l'héroïne de *Suspicion* ni pour le spectateur ! Le film avait commencé ainsi, sur un écran maintenu noir une dizaine de secondes, le temps de passage du train dans un tunnel suggéré par la bande-son et d'un « *oh, c'est votre jambe !* » prononcé par Cary Grant dans l'obscurité.

[65] J. Douchet, *Hitchcock, op. cit.*, p. 195.

[66] « C'est du chinois » : on n'y comprend rien malgré l'évidence de l'image.

[67] Il contient une ampoule, Hitchcock ayant souhaité « que l'on ne regardât que ce verre » (*Hitchcock/Truffaut, op. cit.*, p. 117).

Une lampe torche est à l'origine de l'éprouvante scène d'attaque des oiseaux devenue légendaire, dans laquelle Mélanie Daniels (Tippi Hedren) échappe de peu à la mort.

La terreur s'est installée progressivement sur la ville de San Francisco et la famille Brenner s'est calfeutrée dans la maison. Tous se sont endormis sauf Mélanie, leur invitée. Alertée par un bruit presque imperceptible, une sorte de froissement, la jeune femme s'empare d'une lampe torche. Comme envoûtée (tout en étant consciente du danger), elle traverse le salon et monte résolument l'escalier menant au grenier. Cette montée vers les Oiseaux est irrépressible ; la main griffue qui se referme sur la poignée ronde (ill. 2) a l'aspect d'une patte d'oiseau s'accrochant à un perchoir. Hitchcock a pris soin de placer la montre de Mélanie sur le poignet droit afin de dégager l'impressionnant avant-bras « mis en lumière » par la lampe. La jeune femme aux cheveux lissés, au long cou, au nez légèrement aquilin, aux yeux vifs, aux ongles pointus, à la démarche aérienne, au tailleur vert de la couleur des inséparables, chercherait-elle à rejoindre ceux qui lui ressemblent ? Elle compte peut-être apaiser le courroux des oiseaux par son sacrifice, ou encore comme l'écrit Jean Douchet, a-t-elle décidé d'en finir avec la peur et la lutte [68]. Qu'elle soit héroïque

[68] J. Douchet, Hitchcock, *op. cit*, p. 186.

ou lâche, sa traversée de la pénombre avec la torche la conduit à une ultime épreuve. L'objet apporte un éclairage « fantastique » sur l'héroïne tout en évoquant la lumière d'une traversée des Enfers (la torche est l'ancêtre du flambeau) et un chemin initiatique[69] : sa fonction ordinaire est transcendée. Plus encore, cette torche est le détonateur de la destruction !! La lumière braquée dans les hauteurs du grenier éventré déclenche le terrible acharnement des oiseaux sur la jeune femme. Hitchcock rend ici hommage au cinéma expressionniste en le revisitant. Le plan serré sur la main aux doigts griffus crispés sur la poignée de porte reprend celui de Murnau sur la main de *Nosferatu le Vampire*, juste avant la scène de vampirisation d'Hellen. Les données sont ensuite inversées : tandis que la lumière solaire (naturelle) détruit le vampire en le consumant, la lumière électrique (artificielle) est source du malheur de Mélanie ; loin de l'aider à y voir clair, l'objet la plonge dans le noir puisqu'elle s'évanouit sous l'assaut terrifiant des oiseaux : c'est-à-dire que sa propre lumière se retourne contre elle. Hitchcock subvertit la figure du vampire tout en la renouvelant : Mélanie est une vamp, une séductrice qui a tout tenté pour s'implanter chez les Brenner, pour s'y faire « un nid », mais qui en même temps ne se sent pas à sa place, une place qu'elle cherche désespérément tout au long du film. Comme le vampire, Mélanie est en errance, située dans un « entre-deux » : entre les humains et les oiseaux, entre terre et ciel, elle est avide de cette lumière qui la fait tant souffrir.

Il était possible d'enchaîner sur le lustre, soleil torride écrasant l'héroïne de *Notorious*, ou sur les appliques symétriques aux corps rigides des nazis dans le même film…

---

[69] J. Chevalier, A. Gheerbrant, *Dictionnaire des symboles*, Paris, Robert Laffont/Jupiter, coll. « Bouquins », 1982, p. 956.

mais le lecteur ne se lasserait-il pas face à une étude exhaustive des modes d'éclairage ? Il nous a semblé plus pertinent et plus dynamique d'opérer un choix parmi la prolifération d'objets usuels mis en espace dans les films, pour les observer et voir les implications de leur présence.

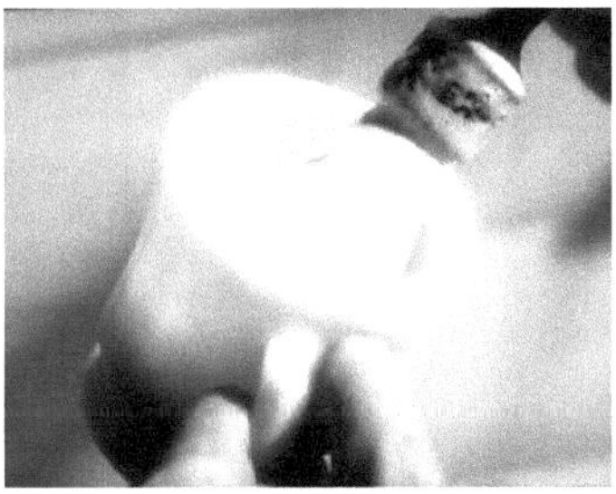

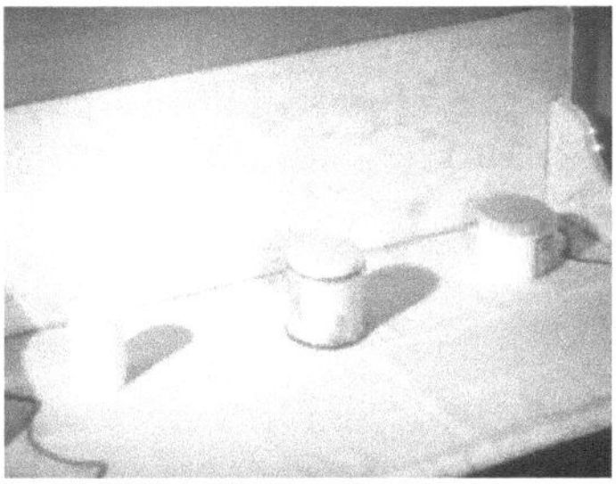

Les lampes sont très souvent éteintes dans *Spellbound* (« La Maison du docteur Edwardes », 1945) et lorsqu'elles s'allument, elles n'apportent aucun éclairage à Edwardes (Gregory Peck) sur l'amnésie qui le tourmente. Hitchcock nous fait vivre dans ce film une « traversée des ténèbres » d'autant plus éprouvante qu'elle se déroule dans le blanc ! Sorti d'un rêve hallucinant (la célèbre scène surréaliste conçue avec Dali) John Ballantyne/Edwardes entre dans la salle de bains et allume. La caméra le cadre de profil, face au miroir renvoyant une indéchiffrable *double lumière*. Il scrute en vain son visage et ne voit qu'une peau mal rasée.

Préparant le savon et le blaireau pour y remédier, il suspend son geste devant l'insoutenable blancheur de la mousse ; il se détourne pour y échapper mais quel que soit l'endroit où se pose son regard, il est assailli par la lumière excessive provenant des objets les plus ordinaires (lavabo, chaise, pots… ), comme victime d'un maléfice : *a Spell* ! Hitchcock fait ressentir visuellement l'atroce sensation déclenchée par le blanc : une séquence muette exprime le complet mutisme de l'esprit. La conscience perturbée a engendré une lumière purement mentale. Les points de vue objectifs (cadrages du personnage) et les points de vue subjectifs (nous sommes aussi sous l'emprise du blanc) alternent convulsivement. Pour sortir de l'Enfer Blanc, Ballantyne se propulse hors de la salle de bains, rasoir en main ; dans la chambre où dort Constance Petersen (Ingrid Bergman), docteur en psychanalyse amoureuse de John Ballantyne, celui-ci retrouve ce qu'il fuit désespérément sur le couvre-lit immaculé : un lent travelling conduit au visage de Constance, seule partie visible de son corps : sertie dans un écrin étincelant, elle semble décapitée.

Le premier malaise est apparu lors de la foudroyante rencontre de Ballantyne avec Constance : la jeune femme a dessiné sur la nappe avec les dents d'une fourchette la forme de la piscine prévue pour le centre médical… et les stries se sont muées en traces de ski dans un champ de neige ; elles *re*muent en Ballantyne un souvenir profondément enfoui : la mort d'Edwardes dont il s'accuse. Mieux encore, les dents de la fourchette ont abîmé les fleurs de lys (symbole clair), motif de la nappe ; Constance essaie de les effacer avec un couteau dont la lame acérée invoque instantanément la pointe aiguë de la grille où le petit frère du héros s'est empalé. Dans cette scène éblouissante Hitchcock dit tout par l'image mais sans que l'on puisse encore saisir quoi que ce soit : les objets « blancs comme de la neige » invoquent à la fois l'innocence et le crime.

La sensation visuelle devient paroxystique lorsque le cinéaste nous fait boire au même verre que son personnage et avaler lentement le lait (avec le somnifère préparé par Brulov, le protecteur de Constance) jusqu'à absorption complète. Nous assistons dans la transparence du verre à la progressive et écœurante immersion du vieil homme. Deux blancs coïncident alors pour n'en former qu'un. L'écran « vidé » comme le verre devient un monochrome, ce que Deleuze appelle *une image raréfiée*[70], une image qui s'est libérée des multiples représentations susceptibles d'être cadrées, tout le contraire d'une image saturée : « Le maximum de raréfaction semble atteint avec l'ensemble

[70] L'expression est de Gilles Deleuze : *Cinéma I. L'image-mouvement*, Paris, Les Éditions de Minuit, 1983, p. 23-24.

vide, quand l'écran devient tout noir ou tout blanc. [...] l'image ne se donne pas seulement à voir. Elle est lisible autant que visible[71] ». La première image de *Suspicion* est bien entendu une image raréfiée ; le monochrome noir se lit a posteriori comme l'expression exacerbée du doute, une sorte d'amplification de la face cachée du lait.

Ces images peuplées d'objets usuels irradiants sont investies d'une puissante irréalité : ces « images-rêves[72] », sont la projection des tentatives de remontée d'une pensée refoulée ; elles s'accompagnent d'une douleur aiguë qui se manifeste à la surface de l'écran par l'éblouissement. Disséminées tout au long du film, elles « forment un grand circuit, dont chacune est comme la virtualité de l'autre qui l'actualise, jusqu'à ce que toutes ensemble rejoignent la sensation cachée qui n'a jamais cessé d'être actuelle dans l'inconscient du héros, celle du toboggan meurtrier[73] ». Identifiables par des objets familiers rendus insolites en raison de leur luminosité, ces images invitent à une re-constitution dans leur ensemble. Le vrai rêve n'apparaît pas dans *la séquence en carton-pâte de Dali*[74], il est distribué dans ces éléments distants.

Hitchcock reprend dans *Spellbound* le même objet que dans *Suspicion*, un verre de lait, dans une mise en espace et un emploi autres, entraînant de nouvelles implications. L'idée du doute est malgré tout conservée dans les deux films. Le célèbre verre de lait de *Suspicion* est un objet intensément lumineux et d'une éblouissante blancheur !! Apparu initialement sous la forme d'une sombre silhouette

---

[71] *Ibid.*

[72] G. Deleuze, *Cinéma II. L'image-temps*, Paris, Les Éditions de Minuit, 1985, p. 79.

[73] *Ibid.*

[74] *Ibid.*

projetée au sol, puis monté précautionneusement dans la pénombre par Johnnie (soupçonné par son épouse de désirer sa mort), le lait devient un *Punctum* lumineux ; il focalise notre regard et monte en même temps que la tension (ill. 3) : il semblerait presque nous être destiné…

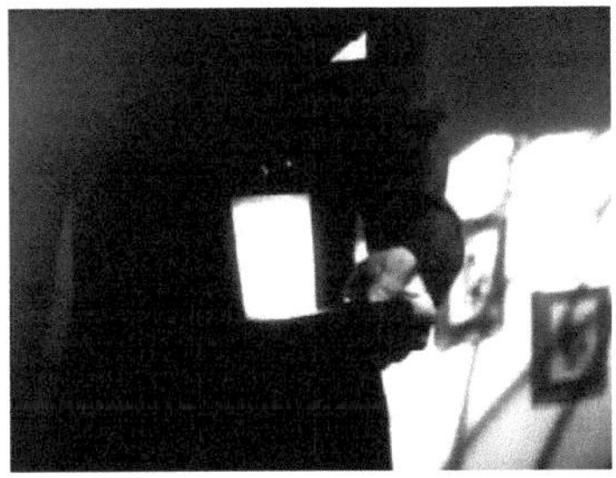

Mais nous ne saurons jamais si *la noirceur secrète du lait* dont a parlé Paul Valéry[75] n'est accessible qu'à travers sa blancheur, celle-ci étant toujours absolue au petit matin. Le verre n'a pas été bu : il n'a pas quitté son petit plateau d'argent au chevet de l'héroïne.

[75] Cité par M. Merleau-Ponty, *Le visible et l'invisible*, texte établi par Claude Lefort, Paris, Paris, Gallimard, coll. « tel », 1979, p. 197.

## *Blanches comme neige*

> « Et voilà qu'il se fit un grand tremblement de terre : l'Ange du Seigneur descendit du ciel et vint rouler la pierre, sur laquelle il s'assit. Il avait l'aspect de l'éclair et sa robe était blanche comme neige. A sa vue, les gardes tressaillirent d'effroi et devinrent comme morts[76] ».

Les robes blanches illuminent l'écran, nous *aveuglent* en déjouant les significations établies. Les personnages de Madame de Winter (Joan Fontaine dans *Rebecca*), Charlie Newton (Teresa Wright dans *Shadow of a Doubt*), Lady Harietta Flusky (Ingrid Bergman dans *Under Capricorn*), Charlotte Inwood (Marlene Dietrich dans *Stage Fright*) ou encore Ruth Grandfort (Anne Baxter dans *I Confess*) sont autant de variations hitchcockiennes sur le blanc.

Au début de la célèbre séquence du bal costumé de *Rebecca*, la caméra cadre Mrs de Winter en légère contre-plongée « au sommet des marches », ce qui lui donne une prestance inattendue étant donné son effacement et sa gaucherie depuis son arrivée au domaine de Manderley : son émerveillement face à sa métamorphose et la certitude d'un « effet » garanti irradient son visage ; le rayonnement se propage à toute la tenue. La descente triomphale et naïve de l'héroïne participe du music-hall et du conte de fées[77] : elle n'aboutit pourtant pas à l'envoûtement d'un prince… mais à la fureur d'un époux !! Il ne perçoit dans la beauté éblouissante de la jeune femme que le spectre de Rebecca. Le souvenir de son épouse disparue en mer hante

---

[76] *L'Évangile selon saint Matthieu*, 28, 2-4.

[77] Le perfide cousin de Rebecca (George Sanders) a surnommé la jeune femme « Cendrillon » !

Maxim de Winter (Laurence Olivier). Le cinéaste renoue avec un rituel grec : lorsqu'un cadavre n'a pas été retrouvé et n'est pas honoré par les funérailles, sa *psyché*, puissance dangereuse, erre entre le monde des vivants et des morts[78]. Il est nécessaire de créer un double du mort, le *colossos*. A travers lui « le mort remonte à la lumière du jour et manifeste aux yeux des vivants sa présence. Présence insolite et ambiguë qui est aussi le signe d'une absence[79] ». Le double est si convaincant qu'il épouvante tous les invités ! Robe et capeline vaporeuses ondoient autour du corps, glissent sur le plancher, les pieds dissimulés ne semblant pas toucher le sol. Tenue et gestuelle confèrent à la jeune femme un aspect fantomatique qui bouleverse son époux tant il lui rappelle Rebecca. Nous n'avons pas soupçonné une seconde que le tableau sur le palier était le modèle du costume de Rebecca conçu pour le bal précédant sa mort. Le blanc attaché à la mort pour Mr de Winter exprime aussi la naïveté de Mrs de Winter… et la nôtre. Comment avons-nous pu croire à un revirement de la gouvernante ? Nous sommes pourtant tombés dans le piège, aveuglés par l'habit de lumière. Hitchcock jongle avec les références : la robe de Cendrillon (Mrs de Winter est orpheline) a été métamorphosée par une mauvaise fée, la perfide Mrs Danvers, c'est-à-dire que la robe de l'Ange vient tout droit des Enfers ! Le blanc est la couleur de la révélation, de la grâce, de la transfiguration qui éblouit, « la couleur de la théophanie dont un reste demeurera autour de la tête de tous ceux qui ont connu Dieu, sous la forme d'une auréole

[78] *Iliade*, XXIII, 70 sq.
[79] J.-P. Vernant, « Du double à l'image », in *Mythe et pensée chez les Grecs*, Paris, La découverte, 1990-1994, p. 327.

de lumière[80]». Radieuse sous sa capeline immaculée, Mrs de Winter est nimbée de lumière en sa descente enchantée.

Jamais manichéen, Alfred Hitchcock excelle dans l'union des contraires. Il développe l'idée d'appartenance du blanc et du noir à un unique concept dans *Shadow of a Doubt* (1943) : à la sortie de la messe Charlie Oakley (Joseph Cotten) apprend la mort fortuite d'un individu soupçonné comme lui des meurtres de riches veuves. Inopinément disculpé, le cœur léger, il monte l'escalier quatre à quatre et s'immobilise brutalement avant même d'atteindre le palier ; la subite volte-face de l'Oncle Charlie est cadrée en contre-plongée, puis un saisissant contrechamp nous livre son point de vue : le regard de sa nièce est vrillé sur

[80] J. Chevalier, A. Gheerbrant, *Dictionnaire des symboles*, *op. cit.*, p. 127.

lui. Une forte lumière extérieure projette au sol l'ombre démesurée de la jeune femme. Pénétrant à l'intérieur (dans le mental de l'oncle), l'ombre s'étend jusqu'à l'escalier. Ombre et corps s'infiltrent dans le plan pour former une image incrustée dans l'image, sorte de fragile et puissant obstacle dressé à la verticale sur toute la hauteur du plan (ill. page ci-contre).

L'éblouissante apparition bloque l'issue vers la lumière dans un espace chaviré. Le *retournement* d'Oakley dans l'escalier a lieu aux sens propre et figuré : l'empathie qui unissait l'oncle et la nièce à présent les oppose. Charlie Newton sait son oncle coupable en dépit des apparences et Charlie Oakley « sait qu'elle sait ». La symbolique ascensionnelle vers la connaissance est sérieusement revisitée ! La « connaissance » de l'un et de l'autre, l'un par l'autre, se réalise aux deux extrémités de l'escalier, positif et négatif associés : Charlie N. tourne le dos à la lumière. Les chaussures[81] seulement et les gants sont d'un blanc immaculé dans le *contre-jour* ; Charlie O., de gris vêtu sous la lumière tamisée, se trouve dans l'inconfortable position d'un entre-deux situé entre blanc et noir. Charlie N. et Charlie O. sont ombre et lumière à la fois : l'un tuait des femmes (sottes et futiles) tout en étant irréprochable dans sa vie familiale et sociale, l'autre tuera par amour (*on tue ce que l'on aime*[82]) et pour épargner à sa mère la cruelle vérité, ce qui revient à dire que « tous les méchants ne sont pas noirs et que tous les héros ne sont pas blancs[83] ». Le chapeau de Charlie ne possède de l'auréole que la forme ; privé d'éclat, il n'agit pas selon le principe de théophanie.

---

[81] Perfectionniste, Hitchcock met l'accent sur les pieds et les mains de Charlie, annonçant sa lutte contre son oncle dans le train en marche.
[82] Hitchcock cite Oscar Wilde, in *Hitchcock/Truffaut*, *op. cit.*, p. 126.
[83] *Ibid.*

Cadré en raccourci, il n'offre pas davantage la perfection du cercle ; tenu devant la robe du dimanche qu'il paraît protéger, il évoque davantage un bouclier[84] dérisoire.

Changer le contexte et la couleur d'un objet suffisent à charger de sens ce matériau modelable et expressif : « Les objets de Hitchcock ne sont jamais les simples accessoires d'une mise en scène essentiellement théâtrale mais plutôt *la substance de son art cinématographique* » écrit Andrew Sarris[85].

[84] Le cercle symbolise dans le monde celtique la protection, il est une « limite magique infranchissable » : voir J. Chevalier, A. Gheerbrant, *Dictionnaire des symboles*, *op., cit.*, p. 193.
[85] A. Sarris, "Alfred Hitchcock", *The American Cinema : Directors and Directions, 1929-1968,* New York, Dutton, 1968, p. 58-59.

Pourquoi les robes blanches sont-elles liées aux escaliers dans le cinéma d'Alfred Hitchcock ? Mrs de Winter n'est pas la seule à descendre vers son bien-aimé dans l'éclat de sa toilette : il y a Lady Harrietta Flusky dans *Under Capricorn* ou Ruth dans le flash-back de *I Confess.*

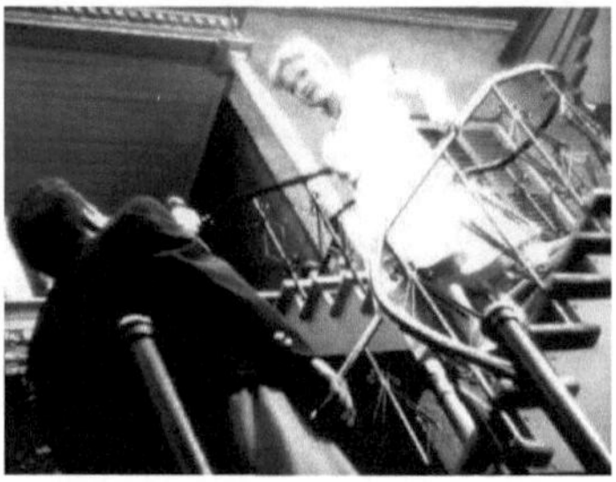

Les héroïnes sont véritablement « transfigurées » dans ces trois films : leur amour irradie vers ceux qui les attendent. Elles sont de lumineuses apparitions à l'aspect « spectral » (paroxystique dans *Rebecca*) et concentrent toutes les couleurs en leur rayonnement. La blancheur triomphale ne peut surgir que dans les hauteurs : « Jésus prend avec lui Pierre, Jacques et Jean et les emmène seuls à l'écart, sur une haute montagne. Et il fut transfiguré devant eux, et ses vêtements devinrent resplendissants, d'une telle blancheur qu'aucun foulon sur la terre ne peut blanchir de la sorte[86] ». Les descentes en habit de lumière sont liées à l'amour mais aussi à « la résurrection ». Comme toujours Hitchcock utilise subtilement de mêmes éléments visuels (une femme en blanc, un ou plusieurs hommes en noir, un escalier), des références (l'Ange du Seigneur, Jésus, les degrés de l'escalier) pour signifier des idées différentes.

La résurrection dans *Rebecca* relève de l'effroi tandis qu'elle est une vraie renaissance dans *Under Capricorn* :

[86] Saint Marc, 9, 2-5.

Harrietta Flusky a sombré dans l'alcoolisme sous la pression de la perfide gouvernante (Margaret Leighton) qui la terrorise. L'arrivée de Charles (Michael Wilding) est décisive ; les soins amoureux qu'il prodigue à la jeune femme conduisent à sa métamorphose : elle ressuscite, retrouvant toute sa beauté et sa dignité (ill. 1). On parlera plutôt de résurgence à propos du film *I Confess* puisque la voluptueuse descente d'Ann Baxter vers son amant est le récit d'un souvenir : la relation amoureuse entretenue avec le Père Logan avant qu'il ne soit prêtre. Le chavirement amoureux est montré par le basculement de l'espace et l'entrelacement des rampes ouvragées (ill. 2) cadrées en contre-plongée.

Il y a aussi une robe blanche, un homme en noir et un escalier dans le flash-back de *Stage Fright* qui relate le meurtre au début du film. Si la scène du bal costumé de *Rebecca*, présentée comme un rêve de jeune fille (finissant en cauchemar), baigne dans l'« irréalité », nous sommes totalement abusés par le « réalisme » du récit mensonger :

Jonathan descend l'escalier quatre à quatre pour ouvrir à sa maîtresse ; la caméra cadre le bas du corps inondé de lumière : une robe blanche maculée de sang. Charlotte Inwood vient d'assassiner son mari et implore Jonathan de détruire la pièce à conviction. Il ne sera plus question ensuite que de cette robe : elle sera brûlée mais, second mensonge, Jonathan affirmera le contraire à Charlotte pour qu'elle ne le quitte pas. En un mot, il « fait chanter » la chanteuse, précisément juste après une très belle séquence présentant Marlene Dietrich sur scène : un décor et une machinerie célestes extrêmement sophistiqués font de la Star un Ange radieux : la lumière émanant des soieries et des plumes de cygne, des cheveux dorés et du teint clair, exaltent la divine beauté de *L'Ange bleu* devenu blanc. On se souviendra de cette scène lors du dénouement : Charlotte accepte de se produire dans un spectacle de charité sur une scène agencée sous une tente de fortune. Le père d'Eve Gill (Alaster Sim), protectrice de Jonathan, croit la chanteuse coupable du meurtre de son mari. Troublé par l'éclat d'une robe dans la foule (ill. 1-2), il revoit la tache de sang et imagine un stratagème pour la confondre. Après bien des difficultés et de la drôlerie, Gill gagne une poupée au tir, la macule de son propre sang, puis la cache dans sa veste, exactement comme l'avait fait Jonathan avec la pièce à conviction. Passe un petit scout…

Gill lui confie une invraisemblable mission : il s'agit de monter sur scène et d'exhiber la poupée sous les yeux de la vedette. Un travelling avant sur la robe fait écho à celui du flash-back tandis que Charlotte chante *La vie en rose*.

L'effet escompté se produit : hallucinée par le grotesque simulacre, Charlotte se reconnaît immédiatement dans la poupée de chiffons. Les paroles de la chanson deviennent chaotiques, le bouleversement rend la voix « blanche », ce qui parachève l'image de l'Ange. La robe tachée de sang, l'unique « preuve matérielle », a été détruite par Jonathan et la robe de la poupée, spectrale, une sorte de substitut magique, par l'intense émotion qu'elle suscite, devient la « preuve mentale » de la culpabilité de la jeune femme.

## *Pièges de lumière*

> « Leur beauté séduit et peut servir d'appât, car ils sont le plus souvent un piège. Mais ils fixent aussi quelque endroit par où saisir ceux qui les portent ; ce sont des anses, des poignées. Ils manifestent la dépendance[87] ».

Dès *The Ring*, le bijou connote l'enchaînement sous le faux-semblant de « l'alliance » : l'anneau passé au doigt de Nelly par Jack n'exclut pas l'amour adultère, signifié par le bracelet/serpent offert par l'amant. L'anneau est passé au doigt une seconde fois (après la victoire de Jack sur le ring) : le péché est détourné, à l'image du bracelet.

Plus brillante que jamais, l'alliance est de retour dans *Rear Window* : Lisa s'introduit par la fenêtre dans l'appartement de Thorwald, le lugubre voisin d'en face, dans l'intention

[87] Philippe Demonsablon, « Lexique mythologique pour l'œuvre de Hitchcock : bijoux », in *Cahiers du Cinéma n° 62*, 1956, p. 18.

d'y découvrir la preuve du meurtre de sa femme ; l'individu regagne son domicile plus tôt que prévu : Jeff, immobilisé par son plâtre, assiste impuissant à la rencontre redoutée. Le pire est évité par l'arrivée in extremis de la police ; la caméra cadre en gros plan les mains de Lisa tenues dans le dos : la jeune femme désigne l'alliance de Mrs Thorwald, passée à l'annulaire gauche comme il se doit… Thorwald comprend par ce geste que ses voisins d'en face l'ont observé et souhaitent le faire chanter.

La jeune femme n'a pas hésité à se mettre en danger : elle a escaladé la façade pour passer par la fenêtre du présumé meurtrier et se mettre à sa merci. Au risque redoublé (*se tuer* en tombant dans le vide ou *se faire tuer*) correspond la double intention de Lisa, mener l'enquête et séduire le reporter. Lisa n'a qu'une idée en tête, épouser Jeff : prouver le meurtre de Mrs Thorwald au prix de son existence, c'est démontrer un goût inné pour l'aventure, que robe de soirée et talons hauts n'entravent nullement. La « pièce à conviction » est aussi une *preuve* d'amour ! Lisa réfléchit depuis la fenêtre sa lumière vers l'être aimé et se fait comprendre par un objet on ne peut plus sobre et expressif, en une formulation visuelle, muette et poétique. … Et Mrs Thorwald, bien que tronçonnée, harcèle encore son mari… Hitchcock obtient en cet instant d'une rare intensité (*Rear window* oblige) une coïncidence absolue entre suspense et comédie, le couple étant à la fois objet de réflexion et de dérision, et sujet d'une construction de type policier : comme l'écrit André Téchiné, « le sexe et la mort sont liés. Éros et la Destruction restent les seuls moteurs, les seuls repères, les seuls critères du cinéma hitchcockien[88] ».

---

[88] A. Téchiné, « Le maître des égarements », *Cinématographe n° 59*, cité par Bruno Villien, *Hitchcock*, Paris, coll. « Rivages », 1985, p. 41.

Un nouveau rapprochement avec Marcel Duchamp se dessine : *Le Grand Verre* rappelle *les vitres* du film, où les thèmes de la mariée (plus ou moins mise à nu) et des célibataires sont omniprésents. Il est question tout au long du film de « mécanisme » sentimental, dans lequel les différentes fenêtres sont autant d'objets du désir… d'en savoir plus et de fantasmer, de se faire son propre cinéma : personnages et spectateurs reconstituent un meurtre au travers de surfaces réfléchissantes et fragmentaires. Une « machine célibataire[89] » consiste en un dispositif présentant l'accomplissement du désir par l'amour « socialisé », le mariage. Le désir fonctionne, mais parfois entravé (par l'indécision, la crainte, la culpabilité), et se voit traversé par son propre spectacle, précisément par ces « témoins oculistes » de Duchamp : des témoins de mariage, des voyeurs, et des correcteurs de vision à la fois. Bref, la cour entière, avec ses célibataires (le pianiste, le sculpteur, Miss Lonelyheart, Miss Torso), ses couples (les jeunes mariés, le couple au petit chien, les Thorwald, Jeff et Lisa), est une projection de la libido contrariée de Jeff. L'alliance vient concrétiser et synthétiser la situation matrimoniale rêvée par Lisa et redoutée par Jeff, voyant en toute épouse, la plus séduisante soit-elle, un inconcevable *fardeau* : « […] tant qu'on ne te l'aura pas lié sur le dos, tes mains demeureront embarrassées. C'est ce que j'ai éprouvé en me mariant : mes mains sont tout à coup devenues libres. Mais traîner ce fardeau sans ce mariage, c'est fatalement se vouer à l'inactivité[90] ». Mais Jeff, loin de partager cette opinion, considère que le mariage est sans issue.

[89] Voir sur ce sujet M. Carrouges, *Les Machines célibataires*, Paris, Le Chêne, 1976.

[90] L. Tolstoï, *Anna Karénine*, Paris, Gallimard, coll. « La Pléiade », 1951, p. 348.

Les bijoux asservissent et trahissent : l'alliance accuse Thorwald dans *Rear Window*, Oakley est démasqué par une bague dans *Shadow of a Doubt*. Un collier étourdiment porté par Judy dans *Vertigo* signe son arrêt de mort.

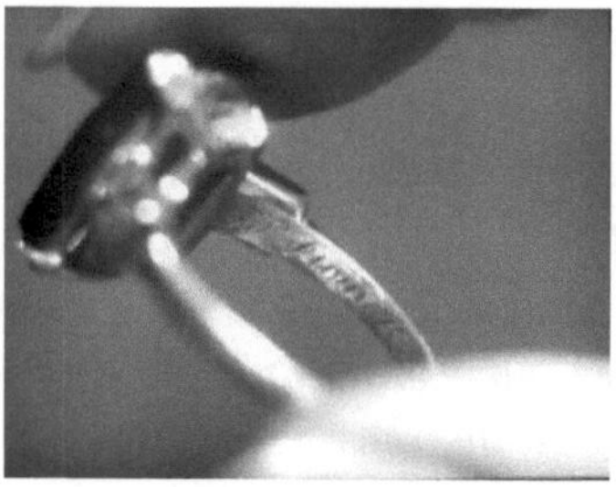

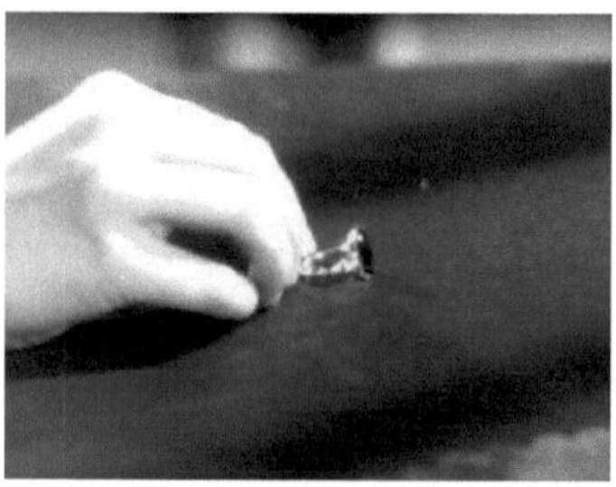

La bague apparaît quatre fois dans *Shadow of a Doubt* : elle rythme la montée du suspense en perturbant les trois temps de *La Veuve Joyeuse*, l'obsédante valse qui ponctue le film dès le générique. Charlie Newton repère des initiales étrangères gravées dans la bague que lui offre son oncle Charlie (ill. 1). Le merveilleux cadeau, dès lors, empoisonne les existences de l'oncle et de la nièce. La jeune femme découvre ensuite dans le journal que les initiales de la dernière victime de « l'assassin des veuves joyeuses » sont celles de sa bague (ill. 2) : son oncle chéri serait-il cet assassin ? Submergée par le doute, elle décide de restituer l'émeraude terriblement accusatrice (ill. 3). L'étape suprême coïncide avec le retour du bijou (ill. 4), subtilisé dans la chambre de l'oncle : celui-ci refuse de partir malgré l'échec des deux tentatives d'assassinat de sa nièce et malgré la supplication de celle-ci ; elle décide de le provoquer en (ap)portant *la preuve* : un travelling avant suit la lente descente d'escalier et aboutit à un gros plan sur le bijou. L'image révèle le cynique chantage exercé par Charlie sur son oncle, piégé par la bague étincelante.

Dans l'intention de satisfaire et de séduire son amant, Judy parachève sa transformation en Madeleine par l'ajout d'un détail : un bijou. Le pendentif de rubis placé dans l'échancrure du corsage accentue la carnation claire et la blondeur des cheveux teints caractéristiques de la défunte.

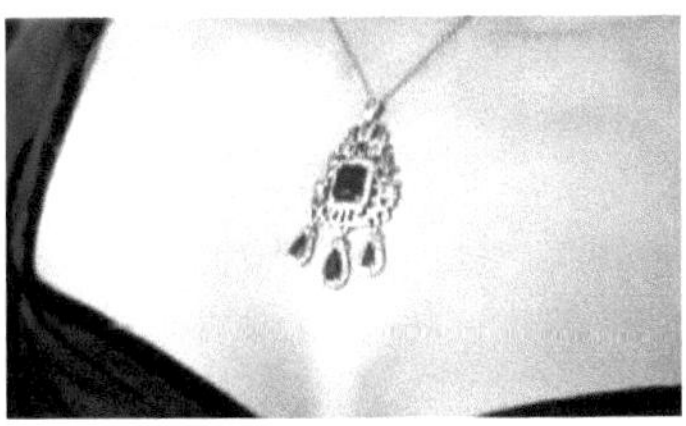

Mais le bijou (qui appartenait à la véritable Madeleine assassinée et jetée du haut d'un clocher par son mari avec la complicité de la jeune femme) est reconnu par Scottie. Le collier piège stupidement Judy en apportant la preuve éclatante de la monstrueuse supercherie. A l'instant précis où elle atteint la désincarnation absolue, où elle revient d'entre les morts et recouvre l'apparence de la femme *idéale*… Judy est prise d'une faim irrésistible : elle rêve de « manger un gros bifteck » !! Hitchcock fait cyniquement coïncider ce désir subit (suggestif de la sensuelle nature de Judy/Madeleine jouée par Kim Novak) avec l'apparition du bijou dénonciateur. L'identification du collier de rubis a lieu dans le miroir ; la surface glacée renvoie à Scottie Ferguson (dont nous avons le point de vue) l'apparence d'une apparence : l'image d'une inconnue métamorphosée en la femme adorée, elle-même apparence d'une femme inconnue. D'une inconnue à l'autre, se déroule un mouvement *en boucle* qui aspire progressivement le héros déchu et régit le film sous la forme essentielle d'une spirale, figure souvent et pertinemment commentée par la critique. Le bijou dans le miroir éclaire l'esprit de Scottie en convoquant le bijou sur la peinture de Carlotta : la lumineuse réflexion lui fait brutalement comprendre de quelle terrible machination il a été victime ; plus rien n'existe en dehors de l'accablant collier. Le reflet de la réplique d'une femme fantasmée ou la figuration d'une autre femme par la peinture ne sont que des mirages, juste des images, comme au cinéma ! L'*enchaînement* de Judy a été fatal.

Tout au contraire, Lady Harrietta ne souhaite pas porter le collier de rubis proposé par son époux dans *Under Capricorn* : il ferait arbre de Noël selon le cousin Charles. La caméra cadre Sam Flusky de dos et conduit en travelling avant jusqu'aux mains : le spectateur seul a le privilège d'admirer le bijou pendant quelques secondes jusqu'à ce que l'époux renonce à l'offrir et le range discrètement dans sa poche. Le collier n'est pas ici symbole d'asservissement puisque l'époux respecte la volonté de sa femme et celle de Charles, pourtant amoureux de celle-ci. Le bijou « trahit » par contre le manque d'intuition de la jeune femme ressuscitée, aveuglée par sa métamorphose. Dans *Under Capricorn* comme dans *Vertigo*, les bijoux (l'un caché, l'autre exhibé) jouent un même rôle, révélant la nature superficielle de deux femmes revenues... de loin.

Le visage relégué dans l'ombre, Grace Kelly sert de présentoir à un luxueux collier dans *To Catch a Thief* (« La main au collet », 1955), effacée derrière son éclat : John Robie (Cary Grant), le célèbre voleur de bijoux, ne se laisse pourtant pas piéger par la rivière de diamants aussi « artificiels » que les feux illuminant joyeusement une idyllique nuit d'été, cadrés en alternance avec le collier.

Les bijoux expriment l'assujettissement : ils enserrent, se referment sur les parties corporelles qu'ils ont pour fonction d'orner (l'expression « reprendre le collier » est suggestive !) et en ce sens, le bracelet peut être considéré comme équivalent féminin des « menottes » infligées aux prisonniers. L'objet signalétique du genre policier est allégrement détourné par Hitchcock : les menottes se substituent aux clous de la Crucifixion dans *The Lodger*. Elles enchaînent absurdement un homme et une femme propulsés dans une course poursuite, dans *The Thirty Nine Steps* : mais les menottes partagées imposent un lien… amoureux ! Pamela et Richard ne se quitteront plus. Une très belle séquence de *Saboteur* (« Cinquième Colonne », 1942) présente un éclairage inédit sur les menottes : Barry Kane (Robert Cummings), accusé à tort d'un incendie criminel, parvient à échapper à la police les menottes aux poings. Il se réfugie chez un vieil homme aveugle pour qui l'imperceptible tintement métallique des menottes ne signifie rien : la voix du jeune homme renseigne bien davantage et laisse transparaître son innocence ; il définit les menottes comme des « bijoux encombrants »…

Un sens n'est jamais définitif avec Alfred Hitchcock, dont le plaisir intense est de déstabiliser le spectateur en le menant de surprise en surprise : les bijoux fonctionnent aussi comme des contre-pièges, sauvant héros et héroïnes dans des situations sans issue apparente ; loin d'asservir, les bijoux peuvent délivrer « en se détachant », tels les luxueux bracelets des films *Saboteur* et *Lifeboat*.

Barry Kane et son amie, emprisonnés dans la luxueuse maison des saboteurs, parviennent à s'échapper… dans la salle de réception où se déroule un bal mondain. Ils sont traqués dans un lieu public : « Si vous êtes dans cette situation, vous vous approchez de quelqu'un et vous lui dites : “Je suis prisonnier ici ”. Alors il vous répondra :

“Vous êtes complètement fou”. Alors vous vous approchez de n’importe quelle porte ou fenêtre et, là, il y a des méchants qui vous attendent. C’est une situation fantastique, incroyable et dont il est très difficile de sortir[91] ». Kane décide de rassembler les invités pour les informer des actions criminelles de leurs hôtes ; à l’instant où il va parler, un domestique lui murmure à l’oreille qu’il ferait bien de lever les yeux  avant d’agir : un révolver enrobé de tissus est braqué sur lui. Le jeune homme annonce alors… que la maîtresse de maison met aux enchères son plus beau bracelet, dont elle se défait aussitôt, soulagée.

Après avoir perdu appareil photo et machine à écrire, Constance (incarnée par Tallulah Bankhead), une élégante journaliste en tenue de soirée sur canot de secours en dérive (*Lifeboat*, 1944), propose à l’équipage affamé son dernier bien, un bracelet Cartier… comme « appât ». Le grand luxe est de se mettre quelque chose sous la dent. « J’y ai été prise moi-même ! » affirme cyniquement la jeune femme. Le bijou, un véritable « bracelet de survie », est effectivement un piège inespéré : à peine immergé, l’éclat des diamants séduit un gros poisson.

Le « détachement » des bijoux laisse présager une vie meilleure selon Alfred Hitchcock.

[91] *Hitchcock/Truffaut*, *op.*, *cit.*, p. 125.

# 2.
# Les délices de la Vanité

# *Objets érotisés*
(ou les voiles de l'impuissance)

> « Si le collier, le bracelet, la bague, etc., sont dans le domaine sexuel, des objets par lesquels leur détenteur cherche à appâter, à attirer et à s'attacher les autres, en revanche et inversement, ils figurent dans l'ordre ésotérique l'emprise de la matière sur cet être. [...] Ce qui est vrai pour les bijoux le demeure pour les autres objets[92] ».

L'emprise de la matière est si forte qu'elle s'exerce sur les personnages au-delà de la vie dans les films d'Alfred Hitchcock : Mrs Danvers communique voluptueusement avec Rebecca par le simple toucher des vêtements et des objets usuels de sa maîtresse défunte ; seule la vue du tailleur gris et des chaussures noires de Madeleine, assortis à la coiffure blonde spiralée, donnera du plaisir à Scottie dans *Vertigo*, lui permettra d'aimer un être spectral : son impuissance à monter au pinacle est compensée par une descente aux enfers, d'où le dérisoire Orphée tente de ramener d'« entre les morts » une Eurydice de pacotille ; quant au bijou de Judy, loin d'« appâter » l'amant, il le détache et la perd : le stéréotype de la séduction est déjoué en un tournemain ! Les objets érotisés, paradoxalement, marquent l'impuissance des héros : Scottie compense son insuffisance physique par le culte des apparences, idée-clé développée dans *Rear Window*. Le téléobjectif de Jeff[93]

[92] J. Douchet, *Hitchcock*, *op. cit.*, p. 202-203.

[93] James Stewart paraît être l'acteur de prédilection dans le cinéma d'Hitchcock pour incarner ce type de rôle...

est le substitut de son membre immobilisé ; le reporter photographe retourne son impuissance motrice en une vigilante capacité à pénétrer… chez ses voisins, pour l'immense déception de sa partenaire. On verra un extincteur manipulé par un homme faible, déclencher un incendie, un briquet allumé par un psychopathe, éteindre l'ardeur d'une fille sexy ou un sac féminin prometteur, afficher la frigidité de sa propriétaire.

Aucun systématisme n'étant repérable chez Hitchcock, les objets érotisés peuvent être liés à la fixité (et à l'extase, comme dans *Rebecca*, *Rear Window* ou *Vertigo*) comme au transport, au propre et au figuré, ainsi dans *Saboteur*, *Strangers on a Train* ou *Marnie*. L'unique constance est la mise en scène rigoureusement calculée de l'objet à des fins érotiques : la petite clé extraite du trousseau de son mari par Alicia est transmise à son amant dans *Notorious* à l'insu de tous (image page 141) sauf du spectateur ! Projetés sur l'immensité du plan, deux doigts virils et un doigt féminin se pénètrent, la fine paroi rutilante de la clé en leur centre ; un érotisme exacerbé se dégage d'une gestuelle pourtant anodine et convenue : se serrer la main. Pour donner un autre exemple, le sac de Marnie est mis en évidence par la convergence de toutes les fuyantes d'un plan fixe sur le quai de la gare (images p. 149) : cadré en gros plan à l'ouverture du film, il s'éloigne sous le bras de sa propriétaire au fur et à mesure de sa fuite en avant ; il est le point de fuite de la perspective (l'avenir nous le dit très vite) et le *punctum* de l'image, hautement suggestif.

Les connotations érotiques d'objets du quotidien sont abondantes et le soin est laissé au lecteur de voir d'autres « couplages » que corde et gants, gants et cigare, corde et trapèze, rideau et couteau, ici proposés. Enfin, précisons que la gradation des actions érotiques repérées, brûler, coupler, dénuder, pénétrer, est strictement alphabétique.

***Brûler***

Hitchcock, friand de métaphores, lie *Amour* et *Feu* dès ses premiers films. Regards et gestuelles expriment de vives ardeurs, héros et héroïnes « brûlent d'amour » et déclenchent les flammes. Inventif et drôle (mais méconnu et même déprécié par son auteur), *Waltzes from Vienna* (« Le chant du Danube », 1933), commence précisément par un incendie… des cœurs ! La première image, un très gros plan sur la trompette d'un pompier au galop où il est inscrit « *Vienna Fire Brigade* », apporte un triple signal : nous sommes à Vienne, ville où la musique est reine, dans laquelle a lieu un incendie. Mais… « Where is the fire ? »

… demande le pompier trompettiste au pompier voisin. L'incertitude règne jusqu'à une arrivée en fanfare sur une charmante place en fête (seconde manifestation musicale), qui retarde de façon cocasse l'accès des pompiers à l'établissement incendié, un café viennois. Nous assistons à la panique du personnel (évacuant avec drôlerie mobilier et pâtisseries crémeuses) puis la caméra cadre une petite fenêtre ouverte à l'étage (ill. 2) d'où s'échappe une voix mélodieuse : *c'est tout mon cœur qui est en émoi.* La musique se développe dans les hauteurs et le plan suivant présente une « Leçon de chant » : la séduisante Rasi est accompagnée au piano par l'élégant Johan Strauss fils.

Comme dans une peinture hollandaise du XVII$^{e}$ siècle, les accords harmonieux expriment la complicité amoureuse. Le plan suivant présente de radieux visages féminins encadrés par la fenêtre d'en face, une boutique de mode ; les physionomies sont extasiées par le « romantisme » de la situation : « la maison brûle mais il continue à jouer ! » s'exclame l'une des jolies filles. Un nouveau « feu » surgit à l'arrivée de la comtesse Von Stahl dans la boutique, littéralement foudroyée par la beauté du jeune musicien entrevu de l'autre côté de la rue. Quelques instants plus tard, au moment où *un modèle très séduisant pour l'hiver* est annoncé par la gérante... surgit Strauss sous les yeux exaltés de la comtesse. La scène se clôt sur ses paroles : « Ce monde manque de feu, vous ne trouvez pas ? ».

Hitchcock revient souvent à cette métaphore des cœurs embrasés. Si le feu est déjà « déclaré » à l'ouverture de *Waltzes from Vienna*, il est « déclenché » dans *Rebecca*, *Saboteur* et *The Birds*, ou encore dans *Strangers on a Train* et *North by Northwest*, par des objets très précis.

Rebecca a enflammé le cœur de Mrs Danvers d'une passion inextinguible. La résolution de l'énigme n'entame d'aucune façon ses sentiments, mais, la vérité la fait cruellement souffrir : se sachant atteinte d'un cancer, Rebecca s'est noyée ; elle a eu la démoniaque idée de déguiser son suicide en crime de façon à faire accuser un époux qu'elle a pris plaisir à tromper et torturer continuellement. Mais Mrs Danvers adore toujours la diabolique créature et n'aspire qu'à la rejoindre : « Si l'amour de Mrs Danvers pour Rebecca a quelque chose de démoniaque, ce n'est pas seulement qu'il unit une vivante à une morte : il lie entre elles deux femmes damnées[94] » écrit Bruno Villien. La complicité entre les deux femmes ne présente aucune

[94] B. Villien, *Hitchcock*, *op. cit.*, p. 133.

ambiguïté : le prénom de Mrs Danvers, Danny, est un diminutif masculin, et la séquence dans la chambre de Rebecca est particulièrement éloquente : la gouvernante témoigne de son total accès à l'intimité de sa maîtresse. Confiante, Mrs de Winter attend le retour de son époux et s'est endormie devant le feu, le chien paisiblement installé sur les genoux. « On s'endort devant le feu. On ne s'endort pas devant la flamme d'une chandelle[95] » écrit Gaston Bachelard… La lueur vacillante d'une chandelle dans l'obscurité a effectivement révélé une expression sur le visage de Mrs Danvers qui laisse présager le pire !

Exaspérée par le sommeil de la jeune femme devant « le foyer » (nous comprenons l'intention comme la métaphore après coup), la gouvernante ne pouvant imaginer vivre auprès du couple heureux décide d'incendier Manderley. Périr dans les flammes, dans un embrasement suscité par Rebecca, lui apparaît comme une ultime solution. Le feu est complémentaire des flots que Rebecca contemplait de

[95] G. Bachelard, *La flamme d'une chandelle*, *op. cit.*, p. 10.

sa chambre et qui l'ont emportée. Le romantisme de la situation n'exclut pas le mythe : tel un grand papillon noir aux ailes déployées attiré par les flammes, Mrs Danvers s'y débat ardemment (ill. p. 97). Symbole de l'âme chez les Grecs, le papillon est la forme revêtue par Psyché. Captive d'Éros, elle brûle d'amour :

[...] « Nulle distance ne te rebute,
Tu accours en volant, fasciné,
Et enfin, amant de la lumière,
Te voilà, O papillon, consumé.

Et tant que tu n'as pas compris
Ce : Meurs et deviens !
Tu n'es qu'un hôte obscur
Sur la terre ténébreuse[96] ».

A la petite flamme fragile et retenue de la chandelle s'est substitué le gigantesque feu du domaine, une puissante image de la passion qui habite Mrs Danvers : « on peut dire que la maison est un des trois personnages principaux du film[97] » estime Hitchcock. La signification sexuelle du feu se réfère universellement à la première technique d'obtention du feu par frottement, « en va et vient », la spiritualisation du feu étant par contre rattachée à la percussion[98]. Mircea Éliade note le caractère ambivalent du feu : « Il est d'origine soit divine, soit démoniaque (car, d'après certaines croyances archaïques, il s'engendre magiquement dans l'organe génital des sorcières) [99] [...] ». Conte de fées et croyance primitive sont entrelacés. Tout

[96] J. W. von Goethe, « Le Divan », in *Selige Sehnsucht*, traduit par Henri Lichtenberger, Paris, Aubier, coll. bilingue, 1950, p. 81-83.
[97] *Hitchcock/Truffaut*, *op. cit.*, p. 106.
[98] J. Chevalier, A. Gheerbrandt, *Dict. des symboles*, *op. cit.*, p. 437.
[99] M.Éliade, *Forgerons et alchimistes* (1956), Paris, Flammarion, coll. «Champs », 1976, p. 41.

personnage maléfique, nous le savons, est animé dans le cinéma d'Hitchcock d'une flamme ardente : Mrs Danvers est autant une criminelle destructrice que la victime d'une indestructible passion. Elle est un personnage tragique qui accomplit son destin : elle atteint l'extase (les derniers plans sur le visage renversé sont convaincants) en extériorisant enfin sa flamme. Hitchcock s'est bien gardé de nous montrer le déclenchement de l'incendie (par frottement ou percussion de la chandelle ? ) ; il nous laisse la totale liberté de l'imaginer et favorise l'osmose entre les aspects négatif et positif de l'acte. Mrs Danvers libère le couple de sa présence négative[100] en se consumant puisque son sacrifice va permettre aux amants de s'aimer en toute quiétude, le prix à payer étant l'anéantissement de leur demeure. L'irrépressible volonté de rejoindre Rebecca manifeste la grandeur d'âme de Mrs Danvers, qui monte... aux Enfers !

Le feu revient en force à peine deux ans après *Rebecca. Saboteur* s'ouvre sur l'incendie d'une usine d'aviation californienne et se ferme à New York au sommet de la statue de La Liberté, précisément entre la main brandissant la torche et la flamme. Hitchcock nous conduit d'un « acte » à un « symbole » : d'un attentat terroriste organisé par des ennemis de la liberté au monument de célébration du feu spirituel brandi par *La Liberté éclairant le monde*. Le récit se développe entre les deux pôles de l'ombre (montrée avec insistance sur la porte de l'usine à l'ouverture du film : ill. 1 p. 101) et de la lumière, de l'obscurité

[100] Mrs de Winter avait failli se suicider, prise « entre deux feux » : un « feu extérieur », une fusée de détresse signalant la découverte du cadavre de Rebecca avait coupé court in extremis à son élancement dans le vide, sous l'emprise du « feu intérieur » de Mrs Danvers.

clandestine où œuvrent les oppresseurs pronazis à la lumineuse résolution finale et l'invocation de l'espoir. Pas de manichéisme pour autant, le héros n'en demeurant pas moins un assassin par procuration. L'histoire annoncée par le titre du film n'apparaît pas immédiatement : un ouvrier nommé Fry (Norman Lloyd) décroche un extincteur, le passe à Barry Kane (Robert Cummings), un autre ouvrier qui, lui-même, le passe à son ami Ken Mason. Quoi de plus normal dans une telle situation ? Cependant Ken s'écroule dans un feu qu'il ne parvient pas à maîtriser (ill. 4). Quelques instants plus tard, la police informe la mère de la victime que l'extincteur tendu par Barry à son fils était rempli d'essence. L'objet était truqué en vue du sabotage : Fry n'est pas un ouvrier mais un espion. Défini par le chef du réseau comme « un obscur ouvrier prévenu d'incendie volontaire», Barry est précipité dans une aventure insensée et périlleuse ; il devient malgré lui le héros de l'histoire.

Hitchcock nous renseigne dès le début du film sur les activités de Fry et sur son devenir par une métaphore culinaire : *Fry* veut dire « frire ». La spécialité de l'antipathique personnage est de plonger l'ennemi dans une matière en combustion, en prenant lui même le risque d'« être frit »... Fry sera plongé dans le vide. Lorsque Fry s'empare de l'objet explosif pour le remettre à Barry, son visage est extatique (ill. 2) : c'est comme si l'homme confiait son feu personnel, transmettait tout son potentiel de virilité à travers l'objet « érotisé ». L'extincteur brille dans les mains de Mason juste avant qu'il ne se consume (ill. 3). On peut remarquer qu'à partir de cet instant, force et pouvoir de séduction se décuplent pour Barry, tandis que Fry, lui, ne connaîtra plus que des insuccès, aussi bien dans son travail (le sabotage du navire Alaska est empêché par Barry) que dans ses tentatives de séduction : les filles le perdent. Au début du film, son identité est dévoilée parce que Mason se retourne sur une blonde sexy et le fait tomber en trébuchant : il perd une enveloppe à son nom et adresse, un très précieux indice pour une filature ! Fry se fera piéger en haut de La Liberté pour avoir succombé au charme de Patricia (Priscilla Lane), chargée de le retenir.

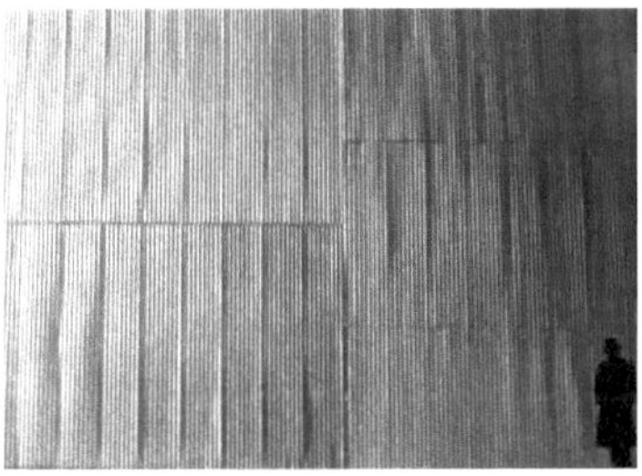

Le « viril » extincteur poursuit le héros et scande le film : il réapparaît dans le véhicule du camionneur qui prend Barry en stop. Son incessant claquement contre la portière perturbe le fugitif, à qui le routier explique que le camion d'un chauffeur ayant pris feu, sans l'extincteur son copain était « frit » (*fried !*) ; il a donc cru prudent de s'équiper. Puis la conversation dérive sur les accessoires féminins : le cylindre ballotant (ill. 1 p. 102) exprime le manque de fermeté du routier cédant aux caprices de sa femme. C'est encore un extincteur qui rendra à Barry sa liberté dans une situation très critique : retenu prisonnier par Charles Tobin (Otto Kruger) dans une pièce sans issue de la somptueuse résidence de Mrs Van Sutton (Alma Kruger), Barry a l'idée de déclencher le « Phénix » ( bien entendu !) au plafond (ill. 2). Le jaillissement de l'eau actionne toutes les alarmes et la confusion générale lui permet de s'échapper.

Comme dans *Rebecca*, Hitchcock imbrique des éléments complémentaires dont la puissance dévastatrice éprouve l'homme : l'eau et le feu. Si les flots ont englouti Rebecca, ils ont également apporté la vérité sur sa mort. L'eau est menaçante ou salvatrice. Dans *Saboteur*, elle apaise le feu de l'action à trois reprises : la rivière dans laquelle plonge Barry, les mains menottées, favorise sa fuite ; la pluie battante le conduit chez un amical vieil homme aveugle ; l'eau de l'extincteur le libère. Par contre, le ranch de Tobin, le *Deep Springs*, « Sources profondes », comporte une piscine (l'eau artificielle est à l'image du personnage) dont la surface reflétée anime les murs d'une étrange façon : le miroitement s'amplifie au fur et à mesure que la situation se dégrade pour Barry, créant un effet de malaise. L'humour n'est pas pour autant exclu : lorsque sur les ordres de Tobin, la bonne braque sur Barry une arme *à feu*, il demande : « ça lance quoi, de l'eau ? ».

Les éléments se déchaînent ainsi que les passions politiques et amoureuses. Patricia est montrée comme « La Libératrice », cheveux au vent et cadrée en contre-plongée comme *La Liberté*. Sa puissance et son courage sont inversement proportionnels à l'« impuissance » et au « faible » de Fry... pour les femmes ! Acculé au sommet de la statue, il se laisse bêtement prendre au jeu de la séduction : *Little Miss Liberty, carrying the torch*, dit l'ardent Fry à la jeune femme, comprenant trop tard le stratagème : leurs flammes ne sont pas de la même nature.

La spectaculaire séquence finale lie subtilement héroïsme et érotisme : la succession des plans juste avant la chute est infiniment révélatrice. Fry a emprunté l'échelle étroite de la torche, suivi de près par Barry : ils ont gravi le support de la flamme, pour se retrouver face à face juste sous la flamme dardée vers le ciel. Fry bascule dans le vide, se retient à la paroi lisse de la main métallique ; Barry s'élance à son secours. La parfaite symétrie du cadrage et la verticalité absolue du flambeau érigé vers le ciel mouvementé s'accordent à la vaillance du héros.

La tension est forte : l'homme tiendra-t-il longtemps ? Barry tenant Fry par la manche va-t-il aussi basculer ? Soudain l'espace chavire. Au gros plan sur la main avec le flambeau (très perturbant puisque c'est aussi un plan d'ensemble sur les deux hommes) succède un très gros plan (ill. 1) sur l'infime attache de Fry à une vie qui ne tient qu'à un fil en train de se découdre ; l'œil omniscient de la caméra cadre la déchirure de la manche. La diagonale du plan formée par la couture s'efface avec la progression de la déchirure (ill. 3-5) filmée en alternance avec d'hallucinants cadrages de *La Liberté*. Deux par deux, se succèdent des images de la petitesse et de la démesure, au propre comme au figuré : l'obscénité du trou envahissant l'écran est confrontée à la grandeur de la statue. La vertigineuse contre-plongée du dernier cadrage est construite sur la diagonale du plan, en effet miroir inversé du trou dévorant la couture de la veste (ill. 5-6) ; solidité et immuabilité de la statue accusent ainsi la fragilité du vêtement. Ces six plans nous déstabilisent par de brusques changements de points de vue pourtant animés par une même dynamique.

Hitchcock ne nous montre pas seulement à l'écran que « la chute » (celle du saboteur comme celle des dictatures) est imminente, que l'ennemi est un fétu de paille face à la force de l'esprit libéral. Il emboîte les significations, nous montre « le dessous des apparences » à l'image du trou béant sur l'étoffe de la chemise. Les métaphores sont constantes dans le cinéma hitchcockien. D'abord infime, la toute petite fente dans les tissus (ill. 1) contraste très fortement avec la proéminence du plan suivant (ill. 2) : la vue plongeante sur la statue dominant la mer révèle une forme phallique inattendue dans la coiffure, fendue en sa partie supérieure et ornée de deux bandeaux symétriques.

Le cylindre érigé du flambeau est également très suggestif. En érotisant les objets à de dignes fins, Hitchcock déjoue les deux stéréotypes du « sexe faible » et du « sexe fort » !

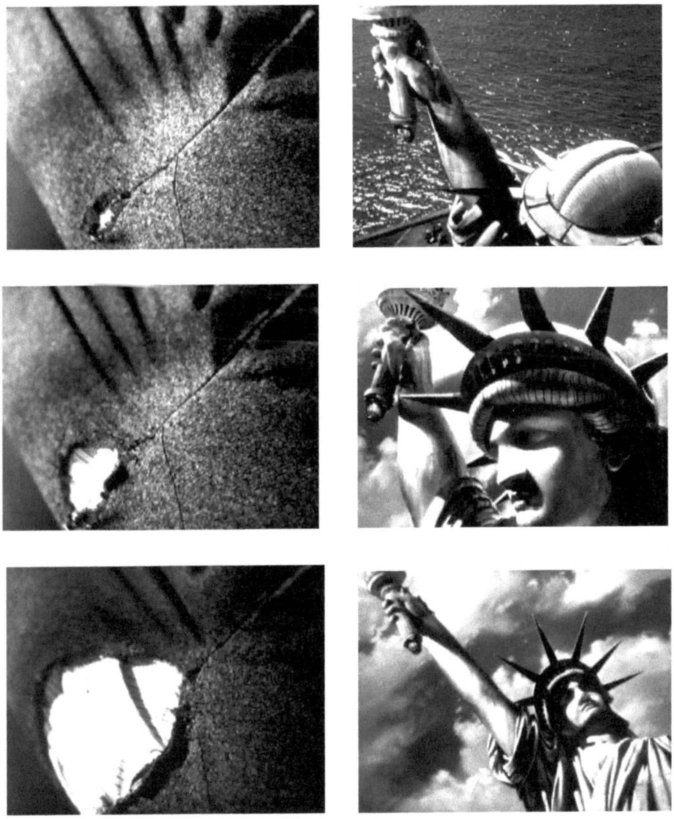

Le visuel place la faiblesse du côté du saboteur : faille imprévue dans le plan, cette « fente » traduit la complète impuissance du personnage ; la manche vide (vidée de son contenu), parachève l'idée en s'envolant dans les nuées. La force, non réductible à la virilité, est du côté de Barry mais aussi de Mrs Liberty, vivante allégorie. Féminité et masculinité sont les deux aspects d'un même concept.

L'allumette qui déclenche le feu à la station service de Bodega Bay dans *The Birds* (1963) est en quelque sorte la goutte d'eau qui fait déborder un gigantesque vase ! Le spectaculaire incendie survient à un moment de tension exaspérée entre les personnages face aux attaques répétées des oiseaux. Quelles que soient les réactions à l'invraisemblable invasion (incrédulité, indifférence ou terreur), les habitants demeurent impuissants à maîtriser la situation.

Le feu surgit après des échanges verbaux animés et divergents entre les différents clients d'un bar où Melanie Daniels est entrée pour téléphoner ; elle informe son père, directeur de journal, de l'effroyable scène qu'elle vient de vivre : des corbeaux se sont regroupés sous ses yeux pour attaquer et blesser des enfants à la sortie de l'école. Tous les regards sont rivés aux lèvres de la jeune femme qui rayonne tel un astre obscur[101]. Les clients vont intervenir un à un pour exprimer leur point de vue : une vieille ornithologue (Ethel Griffies) n'hésite pas à interrompre la conversation téléphonique pour décliner avec satisfaction ses connaissances scientifiques, façon de répondre au « vécu » de Melanie par un doute offensant. Un ivrogne exalté (Karl Swenson) prédit la fin du monde, se référant au prophète Ézéchiel : les oiseaux exprimeraient la colère divine ; et Hitchcock cadre plus loin l'incendie selon le point de vue « céleste » ! Une femme terrorisée (Doreen Lang) supplie la serveuse de calmer les clients pour ne pas inquiéter ses enfants : tout en savourant leurs *poulets pommes château*, les petits demandent si les oiseaux vont les manger… Un pêcheur (Charles McGraw) prend part à la discussion pour apporter une explication rationnelle. Un voyageur de commerce (Joe Mantell) estime qu'il faut abattre ces sales bêtes. L'arrivée de Mitch et du shérif

[101] Le prénom « Melanie » vient de l'adjectif grec *melanos*, sombre.

aggrave encore la confusion des esprits : on apprend que le fermier est mort, les yeux crevés par les oiseaux, mais le shérif demeure perplexe sous le regard effaré de la mère… puis, tout bascule. Une mouette attaque le pompiste, il tombe, les plus courageux se précipitent pour le secourir sans songer à enclencher le tuyau de la pompe : l'essence se répand. Le voyageur de commerce, indifférent à la situation, s'apprête à allumer un gros cigare. La panique gagne les occupants du bar : la fenêtre s'ouvre et tout le monde crie en même temps pour signaler le danger. En tentant de saisir l'inaudible message, le fumeur se brûle les doigts et lâche son allumette : l'explosion s'ensuit. Le feu se développe en suivant l'écoulement de l'essence et l'incendie fait rage. La débâcle est totale.

Qui incriminer ? Les oiseaux ? Les humains[102] ? Les deux espèces[103] ? Le calme suivant le drame est accablant : clients et personnel se sont réfugiés au fond de la salle ; des yeux fixes dans des visages fermés et hostiles scrutent Melanie. La mère se déplace et interpelle haineusement la jeune femme, qu'elle estime responsable de la situation et insulte en hurlant : « I think you're the cause of all this. I think you're evil ! Evil ». Une gifle cinglante la fait taire. Cette femme brûlante comme la glace est-elle à l'origine de la catastrophe ? Il est vrai que tout a commencé à son arrivée à Bodega Bay avec le couple de « love birds ». Hitchcock nous a campé le personnage dès la première séquence : Melanie est une « allumeuse », prête à tout pour parvenir à ses fins : elle n'hésite pas à se faire passer

[102] Hitchcock a choisi des personnages typés issus de milieux sociaux divers, archétypes non pas (seulement) américains mais universels.

[103] La question de la « responsabilité collective » intéresse énormément Alfred Hitchcock : elle est développée avec humour quelques années auparavant dans *The Trouble with Harry* (« Mais qui a tué Harry ? »), et elle est posée dans la quasi totalité des films.

pour une vendeuse dans l'animalerie en vue de séduire Mitch Brenner (Rod Taylor), un client qui lui plaît. Mais cet homme est avocat et a reconnu Melanie Daniels, jeune femme désœuvrée et provocante passée au tribunal pour s'être baignée nue dans une fontaine romaine et avoir cassé une vitrine. Mitch la ridiculise en jouant son jeu, avant de la renvoyer avec mépris à « sa cage dorée ». Mélanie est prise à son propre piège : « sa proie » a retourné la situation, ce qui attise encore sa flamme : « l'allumeuse est allumée ! » peut-on dire en paraphrasant le fameux procédé du cinéma muet si cher à Hitchcock… Mais la cage dorée de la belle oisive se métamorphose en cage sombre, *en cage de malheur*[104], selon l'expression d'Hitchcock. Réfugiée dans une cabine téléphonique au beau milieu du feu, Mélanie est filmée tel un oiseau se débattant dans une cage de verre : « On assiste au renversement du vieux conflit entre les hommes et les oiseaux et cette fois les oiseaux sont au dehors et l'humain en cage[105] ». Et ce *renversement* est subtilement mis en scène au travers du renversement de la vie de l'héroïne.

Les hallucinantes images cadrées en plongée ou en gros plan sur les mains sont tout à fait suggestives ! Nous assistons ainsi au début d'une *épreuve par le feu*[106] : la jeune femme assiste sur la surface d'un écran à toute l'horreur du spectacle : un homme plaque son visage ensanglanté sur le verre à quelques centimètres de celui de Melanie (et du nôtre), puis s'affaisse, glissant le long de la paroi qui le sépare d'elle ; Hitchcock nous fait bien entendu partager son impuissance à pénétrer dans la cage par un champ/contrechamp. Des mouettes au bec acéré

---

[104] *Hitchcock/Truffaut*, *op. cit.*, p. 246.
[105] *Ibid.*
[106] *Ibid.*

brisent la vitre, le champ de vision se brouille, la terreur s'accroît : le déroulement de l'action parvient au travers d'une monstrueuse structure en toile d'araignée, où se font prendre les hommes sous les assauts meurtriers des bêtes. Hitchcock nous malmène en alternant les points de vue démultipliés des oiseaux (nous ressentons leur frénésie puisqu'ils surgissent de partout) avec les points de vue de Melanie pivotant sur elle-même dans un espace restreint, au rythme saccadé d'un chaos organisé. Nous vivons intensément cette opposition entre enfermement et liberté. Cette épreuve purifie l'âme noire de Melanie, ce funeste fonds manifeste dans l'identité, dissimulé par la blondeur.

Le feu a été indirectement déclenché par une mouette et directement par les hommes. Incapables de communiquer entre eux (contrairement aux oiseaux qui organisent leurs attaques ), ils ont mêlé leurs voix en un cri désarticulé et inaudible, qui a précipité l'action. Melanie est malgré cela instigatrice de l'étincelle initiale, Hitchcock le visualise clairement, mais de façon anodine : en signalant qu'un homme allume un cigare, elle déclenche le cri fatal qui distrait le fumeur, se brûle les doigts, lâche l'allumette ! Hitchcock lui fait accomplir un demi-tour sur elle-même, en une suite de plans fixes alternant avec les images de la propagation du feu, comme si son regard dévastateur sur le monde enflammait successivement les choses. Melanie est le seul personnage mis en relation avec l'embrasement ; sa souffrance signifie que sa transformation a commencé : elle est à l'écoute des autres, se dévoue, s'humanise, parvient à aimer. Sa flamme ne relève plus de ce désir infernal et gratuit qui l'incitait au jeu de la séduction, à une « chasse à l'homme ». La part primitive de son être est refoulée par l'ampleur du drame collectif. Elle s'extirpe de sa *caverne sombre* (comme Mitch l'a extirpée de sa cage de verre), lieu consacré, comme l'écrit Bataille « à ce qu'est dans sa profondeur, le jeu — le jeu qui s'oppose au travail, et dont le sens est avant toutes choses d'obéir à la séduction, de répondre à la passion[107] ».

Pourquoi Guy Haines, en sortant son briquet pour allumer la cigarette de Bruno Anthony, se douterait-il que son geste anodin va totalement bouleverser son existence ? « Le feu » allumé par Guy (ill. 1) dans le Nord-Express ne s'éteindra cependant qu'avec la mort de Bruno (ill. 2). Guy has ( is ) « a light » for Bruno ! *Strangers on a Train* est construit autour du briquet : « Peut-être que dix mille personnes n'ont pas oublié la pomme de Cézanne, mais c'est un milliard de spectateurs qui se souviendront du briquet de *L'inconnu du Nord-Express*[108] » écrit Godard. Cet objet est à première vue le *MacGuffin* du film, tel que l'entend Hitchcock : l'élément moteur du scénario. Rappelons-en les grandes lignes : Guy est troublé par la démente proposition de Bruno (un échange de crimes) et oublie son briquet dans le train ; Bruno l'empoche. Il tue la femme de Guy, mais ce dernier se refuse à accomplir la seconde partie du plan, tuer Mr Anthony. Bruno décide de déposer le briquet sur le lieu du crime mais le fait tomber dans une bouche d'égout, ce qui le retarde. Guy est retardé de son côté, ne pouvant se dérober à son match pour rattraper l'assassin : les actions simultanées (se) tournent par montages alternés autour du briquet. Les « temps » des deux hommes s'accélèrent, puis celui de Bruno se décale et se dilate à l'arrivée à la foire : il lui faut attendre la nuit pour ne pas se faire repérer. L'action vire à la frénésie et

---

[107] G. Bataille, *Les larmes d'Éros*, Paris, Jean-Jacques Pauvert, coll. 10/18, 1961, p. 74.
[108] J.-L. Godard, *Histoire (s) du cinéma*, cité par Sally Shafto, in *Hitchcock et l'art, coïncidences fatales*, *op. cit.*, p. 137-138.

s'achève avec l'écrasement de Bruno sous le manège emballé, le briquet serré dans la main (ill. ci-dessous).

Cet *élément moteur* est investi d'un étrange pouvoir : il nargue les deux hommes, autant la victime que le criminel. Le salut de Guy en dépend : découvert sur le lieu du crime, le briquet gravé aux initiales de son prénom et de celui de sa fiancée, « A to G », serait la preuve irréfutable de sa culpabilité. Bruno veut perdre Guy, or il perd le briquet, son plan s'en trouvant sérieusement compromis. Nous sommes anxieux lorsque le psychopathe ne parvient pas à le récupérer au lieu de nous en réjouir, comme sous l'effet d'un maléfice : l'objet nous est devenu nécessaire. Ensuite, Bruno n'est pas réductible à un inconnu fasciné par la célébrité qui aborde un champion de tennis. Il a connaissance des exploits sportifs de Guy mais aussi de sa vie privée, d'où la proposition d'un double assassinat : Mr Anthony cherche à faire enfermer son fils et méprise son homosexualité ; Miriam, une épouse tricheuse et dépravée, gâche la vie de Guy. Sa liaison avec Ann Morton, fille du sénateur, ne représente aux yeux de Bruno qu'un désir d'ascension sociale. Les deux morts libéreraient les deux hommes, permettant la création du couple homosexuel : la folie meurtrière de Bruno est mue par une ardente passion. Bruno fantasme-t-il sur les lettres gravées dans le métal ? Le « A » est aussi l'initiale de Anthony, le nom de Bruno.

Sur « l'île d'amour », Miriam (Laura Elliott) interprète la flamme tendue vers elle comme un signal érotique (et sa physionomie s'illumine ) alors que Bruno cherche simplement à s'assurer de son identité avant de l'étrangler : il cherche à voir clair dans l'obscurité tandis que Miriam, en dépit de ses verres épais, n'a rien vu venir ! Hitchcock restitue les points de vue différents des personnages au moyen du même objet, jouant sur les fonctionnements physique et métaphorique. Il renseigne instantanément et visuellement par l'image unique, simple, et d'une remarquable clarté. « Car la caméra dit la vérité. C'est un enregistrement implacable de ce qui est vraiment arrivé. Ceux qui voient le film — et l'observent dans tous ses détails — doivent véritablement comprendre toute l'histoire[109] » écrit le cinéaste dans une préface (1941) à un recueil de nouvelles. Non seulement nous comprenons l'histoire, mais nous accédons au mental des personnages par l'image ! La main n'est pas seulement gantée pour éviter les empreintes : Bruno ne souhaite pas de contact charnel avec la femme. Et lorsque le briquet de l'être cher tombe, Bruno s'empresse de le ramasser pour que son ami[110] ne soit pas soupçonné. Il n'imagine pas (pas encore !) que Guy ne respectera pas « leur » projet. La haine de « la » femme est visualisée un peu plus tard par une double flamme apparue dans les lunettes de Barbara (Patricia Hitchcock), la sœur d'Ann. La vision convoque le souvenir de Miriam, réveillant en Bruno l'irrépressible désir d'étrangler ; l'émotion est si forte qu'il s'évanouit.

---

[109] *Cahiers du cinéma n° 39*, octobre 1954, p. 13.

[110] Bruno extériorise ses sentiments dès le début de sa rencontre avec Guy : « I'm your friend, remember ? I like you » dit-il dans le wagon-restaurant.

La répétition dans les films d'Alfred Hitchcock, c'est le contraire de l'identique. Une scène de *North by Northwest* (« La mort aux trousses », 1959) présente de troublantes similitudes avec la scène ouvrant *Strangers on a Train*.

Deux inconnus se rencontrent dans un wagon-restaurant ; le désir sexuel est métaphoriquement exprimé par une boîte d'allumettes, équivalent féminin du briquet. La boîte, aussi insignifiante que le briquet de Robert Walker, on pouvait s'y attendre, est capitale. Hitchcock utilise différemment l'idée des initiales (ill. 1-2). Il nous donne un indice sur l'identité du personnage peu aisé à saisir : lorsque Eve Kandall (Eva-Marie Saint) demande à Roger Thornhill (Cary Grant) la signification du « O » au milieu de son nom, celui-ci répond : « *Nothing* » ! Kaplan, l'homme qu'il souhaite rencontrer n'est « rien », une pure fiction, un agent inventé de toutes pièces par un réseau américain de contre-espionnage. Une erreur (Thornill est pris pour Kaplan) entraîne la traque d'un être inexistant. Et ce néant est à l'origine d'une aventure aussi délirante qu'absurde : recherché par les espions et par la police, le « zéro » est propulsé à travers les U. S. A. La boîte d'allumettes surgit à la fin du film : elle sert cette fois à identifier son propriétaire, du moins à signaler sa présence. Thornill inscrit à la hâte quelques mots pour avertir l'agent double (et l'être cher) du danger encouru et de sa présence dans sa chambre : Eve, démasquée par les espions, est menacée de mort. La boîte d'allumettes, devenue une sorte de télégramme amoureux, toujours liée au « feu » et malgré tout « démarquée » par l'inscription (la marque identitaire), est « remarquée » par Eve et lue.

***Coupler***

— *We did do it in day time* («Nous l'avons tout de même fait en plein jour ») dit Brandon à Philip après lui avoir fait glisser des mains ce qui préserve de toute trace : les gants. Le couple de meurtriers ouvre ensuite une bouteille de champagne et boit cyniquement à la santé de la victime tout en évoquant les sensations vécues « pendant » et « après » la strangulation avec des mots à double entente :

— *Brandon, how did you feel ?*

— *When ?*

— *during it.*

— *I don't remember feeling very much of anything until his body went limp and I knew it was over.*

— *and then ?*

— *Then I felt tremendously exhilarated.*

— *H-How did you feel ?*

— *Oh, I... I...* bredouille Philip, une expression orgastique sur le visage. La strangulation lui a apporté une jouissance si indescriptible que, faute de mots, il change de sujet… La corde est l'objet d'un plaisir partagé par les criminels comme par la victime. L'expression verbale est explicite (il est question d'un corps qui « devient mou », Brandon comprend que « c'est fini », l'excitation était extrême) et les respirations et les postures ne laissent aucun doute : dès l'ouverture du film les hommes sont en sueur et haletants, Brandon allume une cigarette qu'il savoure comme après un acte sexuel ; quant au visage de David, suite à un ultime cri qu'Hitchcock nous fait entendre de l'extérieur sans rien nous montrer, il exprime une paisible détente. Corde et gants, objets de jouissance, avaient déjà été couplés par Hitchcock une vingtaine d'années auparavant : la corde avec un trapèze dans *Murder !* (1930), le gant avec un cigare dans *Blackmail* (1929).

L'insuccès de *Murder* découragea beaucoup Hitchcock. Ce film est pourtant une inventive célébration du théâtre et du cirque, où la question de l'homosexualité (reprise et développée dans *Rope*) est audacieusement abordée. Si la strangulation est sans conteste un topos érotique, la corde est affirmée comme « la marque » de l'homosexualité. La mort de Handel Fane (Esmé Percy) apparaît comme une ultime issue face à un impossible amour et une inéluctable condamnation pour meurtre. La séquence du suicide du trapéziste travesti[111] à la fin de son passage est grandiose.

Pour atteindre le trapèze et accomplir son numéro de haute voltige, l'acrobate s'est hissé le long d'une corde qu'il ne redescendra pas ; droit sur son trapèze, le regard halluciné, il s'empare de la corde, la noue, se la passe autour du cou et se jette dans le vide. La caméra ne montre pas le pendu mais la corde seule, entrée par la droite de l'image et cadrée frontalement : elle oscille sans répit sur toute la largeur du plan, parallèlement au mouvement de balancier d'une foule en délire, filmée en alternance. Hitchcock circonscrit ainsi deux mondes, celui du *haut* et celui du *bas*, reliés par la corde et le cadavre suspendu. Parcouru

[111] Hitchcock rend discrètement hommage à Barbette, une créature androgyne dont la beauté subjugua Man Ray et Jean Cocteau dans les années trente.

par une irrépressible agitation, le monde terrestre contraste avec le monde céleste, immuable dans son rayonnement de lumière. *La Dispute du Saint-Sacrement*[112] de Raphaël présente ce type de découpage spatial, avec à l'arrière-plan un même rayonnement sur fond or. Cette structuration en deux zones opposées à fonction symbolique est aussi celle des représentations du « Jugement Dernier ». Profanateur, Hitchcock reprend et schématise une formule consacrée pour exprimer l'idée de dépassement de soi. Le symbole du désir… d'ascension, la corde, est subverti par le nœud !

La corde, en accomplissant un mouvement de va-et-vient latéral, se fait axe de l'ultime *balance* sur fond céleste : elle passe de la gauche (espace des damnés) à la droite (espace des élus) mais sans jamais parvenir à se fixer.

Solidaires, les gants font la paire dans *Rope*, garants d'une parfaite protection tout au long de « l'acte ». Dissociés, ils entraînent une succession de tourments dans *Blackmail*, et dans la suite de dix eaux-fortes de Max Klinger (1881), *Paraphrase sur la découverte d'un gant*. Une histoire de gant suffit à poser le rapport de l'art et du fantasme, l'œuvre se déchiffrant comme une forme substitutive des pulsions. Les situations mises en espace dans les

[112] Raphaël, *La Dispute du Saint-Sacrement*, 1509-1510, Chambre de la Signature, peinture à la fresque. Les Loges du Vatican, Rome.

gravures (suggérées par les différents titres) ressemblent étrangement à celles de *Blackmail* : une jeune femme perd son gant (*Lieu*), un inconnu le ramasse (*Action*) ; se succèdent dès lors des moments dramatiques qui sont autant de degrés de l'impatience sexuelle intitulés *Désirs*, *Sauvetage*, *Triomphe*, *Frayeurs* [...] *Rapt* (ill. ci-dessous), *Amour*.

La suite de gravures de Max Klinger se présente comme une véritable séquence cinématographique. Dans l'œuvre gravée comme dans le film le gant est vide, souple, inerte, en attente d'une main, de l'organe du toucher et de la préhension : il est un substitut du corps sexualisé. Le dédective (John Longden) mène l'enquête au domicile de l'artiste assassiné (Cyril Ritchard) et découvre avec effroi l'un des gants de sa fiancée (Anny Ondra). Cette preuve est accablante : elle atteste la présence de la jeune femme dans une garçonnière et le meurtre suppose une tentative de viol ; la fiancée est souillée ; le gant est irrémédiablement lié à la faute, à la trahison et au crime.

L'érotisme atteint un sommet lorque le gant se couple avec un cigare dans l'une des plus belles séquences du cinéma hitchcockien. La mise en scène d'une situation on ne peut plus ordinaire présente cependant une puissance inventive inégalée : un homme entre dans un débit de tabac pour y acheter un cigare : pourquoi le couple qui se trouve dans la boutique est-il alors totalement terrifié ? Hitchcock réussit à perturber et crée un climat inquiétant à partir de faits et gestes d'une banalité exemplaire ! Une imagination débordante surgit de *l'existence humaine elle-même*[113], sans qu'il soit nécessaire de recourir au mythe. Il est tout à fait « normal » lorsqu'on achète un cigare de grande qualité de le humer, de se pénétrer de son odeur, de le palper, d'en retirer la bague pour se le rouler entre les doigts… Or, tous ces gestes innocents remplissent d'effroi Alice et son fiancé. Le quotidien est bousculé avec une infinie lenteur[114], l'étrangeté croît, le suspense nous étreint. Les objets les plus anodins sont subvertis et se chargent d'un pouvoir émotionnel intense. Visionnons la même séquence sans connaître ce qui la précède, elle semblera terriblement fastidieuse !! Hitchcock a subtilement lié au crime un vécu quotidien ne présentant pas le moindre intérêt, et qu'il nous fait ressentir comme insupportable. Nous avons assisté à l'éprouvante scène et compris que le détective protège Alice, comme nous avons vu l'amateur de cigares sortir de sa poche le second gant et exercer un chantage sur le couple. Seul le buraliste, extérieur à la situation, est en mesure de vivre l'achat du cigare en toute sérénité. « Le cinéma de Hitchcock obéit à cette loi : plus une situation est quelconque, naturelle, plus elle est susceptible de devenir dérangeante, *unheimlich*[115] […] »

---

[113] Formulation redevable à William Blake, cité par R. L. Delevoy, in *Le symbolisme*, Genève, Albert Skira, 1982, p. 57.

[114] Ce processus de ralentissement de l'action et de décomposition du temps naturel pour faire monter la tension est une marque de fabrique d'Hitchcock : un tel *découpage* s'oppose radicalement au travail de *montage* de Griffith qui impose à la durée violence et accélération.

[115] P. Bonitzer, « It's only a film ou la face du néant », in *Alfred Hitchcock*, cahiers du cinéma hors série, *op., cit.*, p. 14.

écrit Pascal Bonitzer. Nous sommes effectivement baignés dans cet univers freudien d'inquiétante étrangeté. Les objets prennent vie, nous narguent, tout en devenant signifiants : la volupté avec laquelle le maître-chanteur a soigné son cigare en fait un cigare « obscène », il exhibe « la puissance » de l'homme, son emprise sur le couple. Le cigare perverti exprime un plaisir qui excède celui du fumeur, face au gant mou exprimant l'incapacité.

Hitchcock revient à cette image dans *Rear Window* : le « petit bout rouge » de la cigarette de Thorwald savourée dans la pénombre (brillant *punctum* de l'image !) fascine Lisa et Jeff parce qu'elle dénonce bien sûr le meurtrier[116] (comme le cigare dénonçait Alice dans *Blackmail*), mais elle renvoie surtout au couple une image d'impuissance : le reporter photographe immobilisé par sa jambe plâtrée est incapable d'assouvir les désirs de sa fiancée. En dépit de ses proportions imposantes et de sa forme phallique, le téléobjectif de Jeff ne fait pas le poids face à la petite cigarette embrasée de son voisin d'en face ! Monstrueuse est sa puissance : il tue sa femme, la découpe à la scie, ne dort pas, passant la nuit à en évacuer les tronçons par valises successives ; davantage, il honore une maîtresse. Mais tout ayant une fin, cigare et cigarette se consument, laissant augurer un dénouement favorable.

La séquence de l'assassinat dans *Blackmail* est aussi la mise en scène d'un viol : l'érotisme est d'autant plus exacerbé qu'on ne voit rien... qu'un rideau et un couteau ! Hitchcock lie érotisme et mort avec une sobriété visuelle impressionnante et une grande poésie ; la nudité féminine se résume à une main dégantée (ill. 1) et la virginité menacée à un suggestif plissé (ill. 3). La séquence s'ouvre et

[116] Thorwald est le seul à ne pas se montrer lorsque la propriétaire du petit chien assassiné prend à parti les occupants des appartements.

s'achève sur un mouvement de rideaux : ils sont fermés par le peintre à l'arrivée dans le studio (ce qui désigne le spectateur comme voyeur) et le moment suprême a lieu dans une alcôve occultée par des rideaux agités (ill. 3).

L'action est interdite à notre regard. La scène a débuté par une grotesque parade amoureuse (Alice peint sur toile une tête grossière, la main guidée par l'artiste ; elle enfile un tutu, se dandine ; l'homme cache sa robe, pianote une romance) et se clôt sur plan fixe. Ces deux temps sont d'une complémentarité exemplaire : après avoir joué le jeu du séducteur en l'aguichant, Alice se rétracte, mais trop tard, le mécanisme hormonal masculin étant déclenché. La caméra cadre l'angle de la pièce avec l'extrême bord des rideaux d'où surgit la main d'Alice. Palpant le vide, elle finit par se saisir d'un couteau à pain montré en plongée sur toute la largeur de l'écran (ill. 2). La caméra revient ensuite au cadrage initial pour s'immobiliser : sous l'effet d'un invisible corps à corps le rideau s'anime, ondoie jusqu'à un paroxysme et retombe. Une nouvelle main apparaît, masculine cette fois, et inerte (ill. 4). D'une main à l'autre la scène est bouclée. Le rideau n'est pas juste le substitut de tissus féminins malmenés, il sert de révélateur d'un coup de couteau, mais aussi d'un coup de théâtre : l'assassinat de l'agresseur par sa victime était loin d'être évident.

L'esprit inventif du réalisateur se manifeste une fois de plus dans le choix et l'association d'objets ordinaires qui, par leur mise en contexte, excèdent leurs sens premiers : quoi de plus attendu pour un assassinat qu'un couteau ? Mais le substitut phallique a changé de main, puisque les partenaires sont *à couteaux tirés*… comme ces rideaux à puissante connotation érotique. Dès lors, récit et actions s'étoffent d'un « jeu » mental induit par les images seules. Les mots absents se forment silencieusement dans l'esprit du spectateur, mus par le visuel. D'éventuels *jeux de mots* sont amorcés : tirer les rideaux, *stick out* en anglais, convoque le fameux « *yellow stick* » de Stephen Dedalus dans Ulysses[117], emblème du personnage sans conteste érotique. Familièrement, *To Stick* signifie « fourrer »… Deleuze écrit que *les cadres* d'Hitchcock font de l'image « une image mentale, ouverte sur un jeu de relations purement pensées qui tissent un tout[118] » : chaque plan, strictement délimité et construit, montre une relation dans laquelle action et auteur sont pris. Le hors-champ, au final, n'est pas évincé… Il a « lieu » dans notre pensée.

[117] J. Joyce, *Ulysses* (1922), London, Penguin Books, 1992, p. 565.
[118] G. Deleuze, *Cinéma I. L'image-mouvement*, *op. cit.*, p. 31.

Les résonances d'un film à un autre étant fréquentes, ces mêmes objets seront à nouveau couplés dans *Psycho*. Un rideau de douche en matière plastique quasiment opaque (ill. 1) laisse à peine transparaître la nudité de Marion.

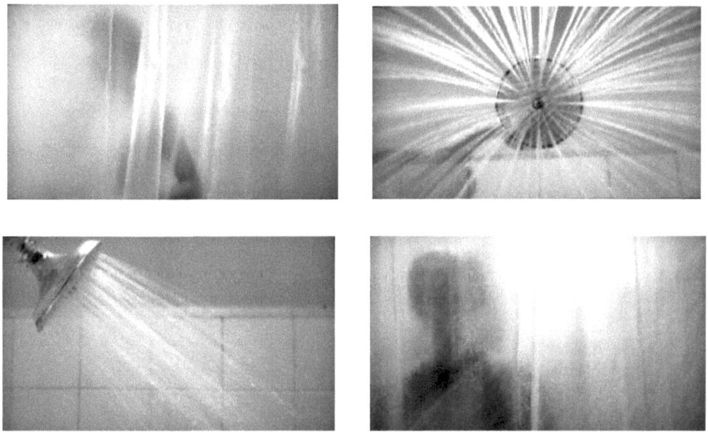

D'un blanc laiteux insipide, ce rideau s'accorde à l'aspect « clinique » (on pourrait à ce moment du film avoir un doute sur la santé mentale de Norman Bates !) du lieu : la banale salle de bains d'un motel. Le contraste est brutal avec la séquence précédente, où nous avons participé au voyeurisme de Norman à travers une fente dans le mur du bureau. Le soutien-gorge noir a rappelé le soutien-gorge blanc de la première séquence ; la mise en scène d'un adultère, première étape dans un processus graduel vers l'interdit, permettait alors de croire que tout espoir était permis pour le couple : mais le blanc a cessé de rayonner, la lumière froide de la salle de bains est insupportable[119].

[119] Hitchcock se souvient-il ici de l'aveuglante blancheur de la salle de bains de *Spellbound* ?

Hitchcock commence par détruire le cliché d'un érotisme de la transparence par un champ/contrechamp qui ne révèle rien. Nous sommes les seuls à voir appaître une vague silhouette interprétée comme celle de Mrs Bates (une vieille femme possessive envers son fils mais imaginée inoffensive), le regard de Marion étant rivé au pommeau de la douche apaisante et purificatrice (ill. 2 p. 123).

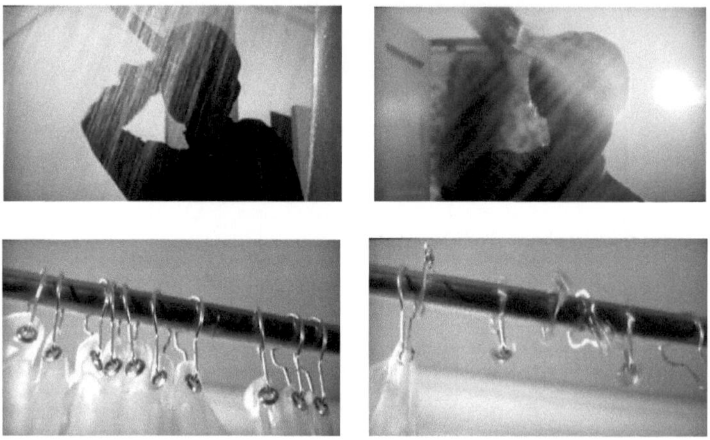

Ce bien-être est pulvérisé par les plans qui suivent, d'une violence inouïe : une avalanche de coups de couteau. En redoublant le rideau initial par « un rideau d'eau », Hitchcock nous abuse, nous persuadant que l'ombre meurtrière est celle de Mrs Bates. Le cadrage sur les crochets dardés du rideau arraché dans la détresse exprime une atroce souffrance.

***Dénuder***

Les héroïnes ne se déshabillent pas, ou très peu, dans le cinéma d'Alfred Hitchcock. *Psycho* et *Frenzy* sont les seuls films qui présentent le corps féminin dénudé.

Ravi de frustrer son public, Hitchcock ouvre *Psycho* sur une vue aérienne : nous gravitons au-dessus de la ville de Phoenix tandis que Marion et Sam sont au septième ciel…

Nous pénétrons (bien trop tard !) au sommet d'un gratte-ciel par les volets clos d'une chambre d'hôtel, où l'image de l'indispensable collation après l'amour nous accueille. François Truffaut[120] relate une amusante remarque de Jean Douchet : « Dans la première scène de *Psycho*, John Gavin est torse nu, Janet Leigh porte un soutien-gorge et, à cause de cela, cette scène ne satisfait que la moitié du public ». Hitchcock reconnaît l'inutilité du soutien-gorge : « […] mais il n'y a aucun doute, cette scène serait plus intéressante si la poitrine de la fille se frottait contre la poitrine de l'homme[121] ». Les amants ne sont plus nus qu'à demi. Pour revoir le buste de Marion, serti de noir

[120] *Hitchcock/Truffaut*, *op. cit.*, p. 226.

[121] *Ibid.*

(couleur qui laisse présager le pire), il nous faut attendre… Plus loin après la scène d'adultère, un « strip-tease » est offert au prix d'une complicité avec un dangereux (et insoupçonné) psychopathe. En lui donnant le point de vue de Norman, Hitchcock attribue au spectateur satisfait le rôle de voyeur. « Et, dans l'histoire du cinéma, Hitchcock apparaît comme celui qui ne conçoit plus la constitution d'un film en fonction de deux termes, le metteur en scène, et le film à faire, mais en fonction de trois : le metteur en scène, le film, et le public qui doit entrer dans le film[122] ». Une fois *entrés*, nous subissons d'invraisemblables et terrifiantes manipulations : l'œil avide lorgnant Marion à travers le mur puis la main assassine sont les nôtres. Un chaotique champ/contrechamp nous inflige en alternance les rôles d'un dément criminel et d'une pitoyable victime. Nous sommes entraînés dans la violence d'un mouvement incontrôlable. Renvoyés d'une apparence (Mrs Bates) à une apparence (la nudité est factice), selon un face à face insupportablement intime, nous sommes égarés : le but du cinéaste est atteint[123] ! Nous aurons vu au final de Janet Leigh… les mains, les épaules et la tête.

Voyeurs pour la seconde fois, nous assimilons la jeune femme à un pur objet de désir : nous la dépouillons de « son âme » (étant totalement indifférents à sa décision de restituer la somme dérobée) et de « son esprit » (nous l'avons jugée bien maladroite face aux nobles sentiments du jeune homme envers sa mère). Hitchcock visualise cette « réduction » de l'être féminin par la progressive coïncidence du trou d'évacuation de l'eau avec l'œil mort.

---

[122] G. Deleuze, *Cinéma I. L'image-mouvement*, *op. cit.*, p. 272.

[123] « C'était passionnant pour moi d'utiliser la caméra pour égarer le public » (*Hitchcock/Truffaut*, *op. cit.*, p. 235).

L'œil et le trou font écho à l'œil palpitant de convoitise devant la fente ; ils expriment la confusion mentale de Norman dont la personnalité scindée en deux parties était déjà criante visuellement : l'œil démesuré de profil (image archétypale du voyeurisme) occupant la moitié gauche de l'écran face à la fente lumineuse dans la noirceur absolue.

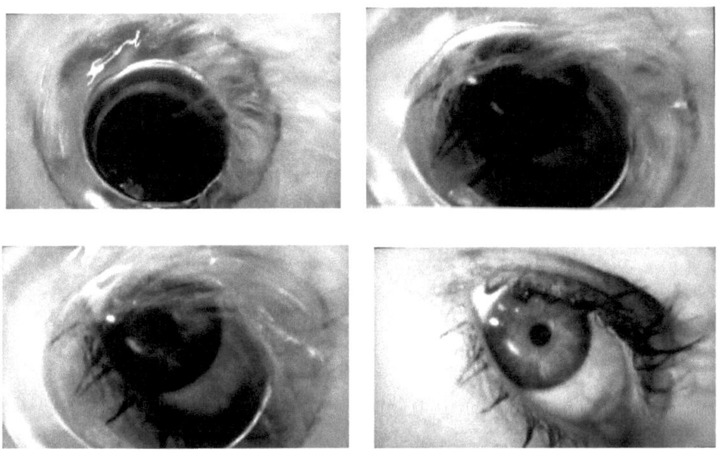

Le sang de la jeune femme a été absorbé par le trou béant de la baignoire, une sorte de bouche vampirique et froide : demeure la fixité monstrueuse de l'organe cyclopéen, ouvert sur le néant. Notre regard plonge en même temps que la caméra sur la cavité/œil ; l'image du sexe et de la mort contient en filigrane l'orbite creux de la mère empaillée. Une telle obscénité étendue sur toute la surface de l'écran affiche un érotisme morbide, un érotisme d'une effroyable intensité qu'aucun cadrage sur la nudité, le plus intime soit-il, ne risquait d'approcher.

Tout le cinéma d'Hitchcock est parcouru de tensions de l'être vers l'objet, et inversement, du regard des objets sur l'être. Jean Douchet évoque « la tentative maléfique de réduire âme et esprit à leur enveloppe charnelle et cette dernière à un simple objet[124] ». Les personnages *dénudent* leur partenaire pour extraire âme et esprit d'un corps qui se transforme en une sorte de chrysalide[125] : Mrs Bates est en ce sens une réussite exemplaire ! Vient ensuite Marion, devenue un objet parmi d'autres objets à évacuer du motel, d'où *la manière purement documentaire*[126] dont Hitchcock amasse sous l'œil de la caméra les objets avec lesquels Norman est en prise dans l'intention d'effacer le crime maternel : rideau, sac, vêtements, journal et billets de banque sur la table de chevet.

La procédure est d'autant plus terrifiante que les corps épanouis des héroïnes, loin d'être des objets, affichent une personnalité accomplie. Un paroxysme est atteint dans *Vertigo* où le corps féminin est considéré comme un bloc de matière par son opérateur : Ferguson (James Stewart) va s'évertuer à animer, plus exactement à *ré*animer un cadavre. Tel un démiurge, il tente d'insuffler l'*anima*, le souffle vital, au corps plein et sexy de Judy (Kim Novak), une fille ordinaire croisée dans la rue au profil évoquant celui de la disparue. Rappelons que dans la première partie du film, Ferguson n'est pas parvenu à éviter le suicide de Madeleine, la femme aimée ; il réussit dans la seconde partie un patient et vertigineux travail de métamorphose d'une femme en une autre. Mais l'éblouissante création de ce dérisoire Pygmalion (« nous » le savons) n'est pas une œuvre personnelle : il s'agit de la copie d'une autre copie, elle-même effectuée par un criminel d'après un modèle original inconnu de Ferguson et entrevu par le spectateur. La terrible mise en abîme et son processus de déperdition vont paradoxalement mener à la connaissance de la vérité.

---

[124] J. Douchet, *Hitchcock*, *op. cit.*, p. 208.
[125] Ce processus affirme l'idée de retour, si obsédante chez Hitchcock.
[126] J. Douchet, *Hitchcock*, *op. cit.*, p. 207.

Le bijou dénonciateur est comme la cerise sur le gâteau… Il est extraordinaire que le *dévoilement* suprême coïncide avec un *voilement* progressif. Dénuder Judy, c'est la vêtir !

Ferguson recrée la femme, la modèle, plus exactement la modélise. Il la façonne en objet de désir au moyen d'un « strip-tease » inversé, déclenché par des mots ardents :

— « Si je vous laisse faire de moi ce que vous voulez… m'aimerez-vous ? » demande Judy.

— « Oui » répond John Ferguson.

— « Alors faites le. Je ne compte plus » répond la jeune femme. Par amour Judy accepte de porter un tailleur gris, des chaussures noires à talons[127] et de se faire teindre les cheveux en blond platine… mais elle résiste (faiblement) à la totale prise de possession de son corps en tentant de préserver sa coupe de cheveux : *libres* et *en mouvement*, ils frôlent ses épaules. Face à l'amant insatisfait, il lui faut les *attacher* en chignon. Qu'est-ce que cela veut dire ? « Cela veut dire qu'elle est presque nue devant lui mais se refuse encore à enlever sa petite culotte. Alors James Stewart se montre suppliant et elle dit : "D'accord, ça va", et elle retourne dans la salle de bains. James Stewart attend. Il attend qu'elle revienne nue cette fois, prête pour l'amour[128] » dit Hitchcock à Truffaut, précisant que tous les efforts du héros sont montrés comme s'il cherchait à déshabiller l'héroïne tandis qu'il s'obstine à la vêtir.

Une scène moins fréquemment évoquée est pourtant parcourue d'un érotisme intense et annonce finement Judy. Après le simulacre d'un suicide par noyade (et l'exaltation de ses rondeurs par l'étoffe mouillée) Judy/Madeleine se

---

[127] Et Kim Novak, qui détestait les chaussures noires, le fait par amour pour Hitchcock, le principal Pygmalion : Voir B. Villien, *Hitchcock*, *op. cit.*, p. 290-293.

[128] *Hitchcock/Truffaut*, *op. cit.*, p. 208.

retrouve nue dans les draps du « héros », ce qui suppose qu'elle a été déshabillée, *vue*, *touchée* par son sauveteur ; celui-ci précisera qu'il a séché ses cheveux. L'ambiance torride est soulignée par la *Coit Tower* (elle ne capte pas nécessairement le regard au premier visionnement du film malgré l'insistance de la caméra pour cadrer la fenêtre), suggestif point de repère situant le domicile de Ferguson.

Vêtue de la robe de chambre masculine, décoiffée, pieds nus sur la moquette, la jeune femme « revient à elle », c'est-à-dire à sa personnalité initiale… pour un moment. Le feu de bois l'anime et lui colore le teint, l'ampleur du vêtement l'incite à une gestuelle plus décontractée. Par son érotisme banal, la scène pourrait passer inaperçue alors qu'elle annonce le déroulement ultérieur. Mais la robe de chambre ne fait pas le poids face au tailleur gris ! Le tailleur est l'habit de l'incarnation ; comme l'*habitus* latin, il renvoie à la « manière d'être » de la femme idéale. Ferguson n'est-il pas lui-même un homme d'habitudes ? Il fonctionne comme les figures du *Grand Verre* de Marcel Duchamp : « la mariée » (ici, Madeleine Elster) est à peine « mise à nu » par l'un de ses célibataires… qu'il lui faut revêtir l'habit signalétique et fonctionner selon le même mode d'emploi, être à nouveau « mise à nu » (là, Judy Barton) ; il s'agit là d'un déroulement impliquant le retour. Le processus d'enroulement (à l'image de la boucle de cheveux en spirale) de rembobinage du film, mécanique, coïncide avec la procédure amoureuse : « Homme, et donc célibataire. Englué dans la répétition, encore une fois piégé par le mot même, je reprends le même chemin, je creuse la même ornière[129] […] » écrit Jean Suquet dans sa lumineuse approche de l'œuvre duchampienne. L'aspect

[129] J. Suquet, *Marcel Duchamp ou l'éblouissement de l'éclaboussure*, Paris, L'Harmattan, 1998, p. 46.

mécanique du fonctionnement amoureux est corroboré par l'attitude d'Hitchcock envers son actrice : il lui apporte un métronome face à ses difficultés de diction au rythme attendu : « Il l'a mis en mouvement – Tic, tic, tic ! – et j'ai dit mon texte. Il a accéléré le métronome : tictic, tictic ! Et avant que nous soyons prêts à tourner, il avait réussi à me faire suivre le rythme tictic tictic ! [...] à une vitesse pareille, je comprenais à peine ce que je disais... Mais de toute évidence, cela marche[130] ». Hitchcock n'a pas hésité à s'exercer avec le tailleur gris qu'il fait porter deux ans plus tôt à Doris Day dans *The Man Who Knew Too Much*. Quant à James Stewart, il est déjà sur les toits d'un édifice religieux (Ambrose Chapel) dans ce film, subrepticement accompagné, quelques secondes à peine, par le lancinant thème du générique de *Vertigo*.

Si les sous-vêtements de Lisa dans *Rear Window* « ne pèsent que cent grammes » et sont exhibés avec bonheur, ceux de Rebecca sont très lourds... en implications.

Mrs Danvers surgit tout au long de *Rebecca* là où on ne s'y attend pas (et là où on ne l'attend pas) comme si elle était investie du don d'ubiquité. L'héroïne ne sait donc jamais où elle se trouve. Hitchcock lui confère de cette façon un aspect spectral terrifiant : « voir marcher Mrs Danvers l'aurait humanisée[131] » explique-t-il à Truffaut. C'est ainsi que la gouvernante surprend la jeune Mrs de Winter dans la chambre de Rebecca, sa maîtresse défunte. Le claquement de la fenêtre fait sursauter et se retourner l'héroïne : Mrs Danvers apparaît bien-sûr du côté opposé ! Sa silhouette *transparaït* en contre-jour derrière l'écran

[130] Les souvenirs de tournage de Kim Novak sont relatés par B. Villien ( *Hitchcock*, *op. cit.*, p. 290).

[131] *Hitchcock/Truffaut*, *op. cit.*, p. 106.

voilé d'un rideau[132], découpée sur un fond vaporeux ( et le stéréotype du fantôme blanc est pulvérisé ), immobile dans une lumière surnaturelle. Le geste délicat pour écarter la voilure et se frayer un passage est infiniment voluptueux. L'expression austère et haineuse de Mrs Danvers a disparu au profit d'une douceur et d'un rayonnement inattendus. Elle entreprend de guider la jeune femme dans la chambre, où les vêtements de la défunte précieusement conservés par ses soins semblent attendre son retour. Elle ouvre le dressing, en extrait un manteau de fourrure, se caresse la joue avec la manche et frôle celle de la jeune épouse en murmurant « *Feel this* »... La visite se poursuit avec les sous-vêtements confectionnés au couvent de Sainte-Claire par des religieuses ; la touche d'humour anticlérical ne détent que très provisoirement. Un climat de jouissance morbide croît au rythme d'une insupportable lenteur pour Mrs de Winter, anéantie sous l'emprise de cette femme passionnée. Mrs Danvers invite d'un geste élégant la jeune femme à s'asseoir « à la place » de Rebecca devant la coiffeuse : la traitant comme un vulgaire mannequin, elle mime le brossage quotidien des longs cheveux de Rebecca et revit intensément un bref instant de plaisir partagé. Après avoir caressé la fourrure de « sa maîtresse » et ressenti la douceur de sa chevelure, Mrs Danvers introduit la main dans son étui de chemise de nuit : nous pénétrons avec elle dans l'intimité de l'alcôve et de la confidence. Mrs Danvers s'approche du lit, se penche et désigne son ouvrage sur l'étui d'oreiller : « C'est moi qui ai brodé ce-ci[133] ». La caméra pivote autour du lit et glisse autour de

---

[132] Le cinéaste s'est souvenu de la force inquiétante de cette image vingt ans plus tard dans *Psycho* : l'érotisme morbide y est décuplé.

[133] « Ceci » est l'initiale de *R*ebecca, que l'on retrouve dévorée par les flammes dans l'image finale du film.

l'épais rideau dissimulant à demi les deux femmes ; cette image est investie d'un double pouvoir : elle exprime le voyeurisme du spectateur (qui « contourne» l'interdit avec la caméra en accédant à l'espace privé) et toute la distance qui sépare et cloisonne les deux êtres. La gouvernante exaltée extrait une chemise de nuit noire transparente de l'écrin brodé, ne laissant subsister aucune ambiguïté en prononçant les mots *Look, you see my hand.* Le malaise de la malheureuse héroïne atteint alors un paroxysme.

Nous comprenons soudainement que Mrs Danvers s'est servie de l'épouse de Mr de Winter (qu'elle « gouverne » en son absence) pour revivre intensément une séance de déshabillage de sa maîtresse ! Il lui fallait commencer par ouvrir le placard pour en extraire la fourrure mais surtout pour la ranger, comme autrefois lors des retours nocturnes de Rebecca. « Danny » (surnommée ainsi par la première Mrs de Winter) ôtait alors la robe avant de procéder à la coiffure de la femme aimée. L'étape ultime était l'échange du sous-vêtement avec la chemise de nuit pliée dans son étui brodé, juste avant le coucher.

Hitchcock est parvenu à présentifier le souvenir[134] d'un désir amoureux jamais assouvi (malgré la répétition d'un rituel) et revécu dans l'extase par Danny, dévêtir Rebecca.

[134] Tout le film est un souvenir : il s'agit d'un immense flash back.

La complicité ambiguë qui unit les deux femmes est subtilement mise en scène ; l'indéfectible lien prend forme dans l'invisibilité, s'éprouve à partir d'objets qui ne sont jamais nommés : il est question de « ça » ou de « ceci ». Indicibles, les sentiments de la gouvernante s'expriment par ces objets, véritables substituts érotiques d'une femme qui n'existe plus… que pour Mrs Danvers, face à cette autre femme « inexistante », la nouvelle Mrs de Winter.

Hitchcock dénude aussi les hommes, accessoirement… Lorsque le très élégant Bob Rusk (Barry Foster) détache l'épingle qui *retient sa cravate* pour l'accrocher à sa veste et laisse négligemment entrevoir sa poitrine, il est sur le point d'étrangler une femme. Seule la strangulation d'une partenaire avec un substitut phallique, la cravate, lui apporte la jouissance. A la fin de *Frenzy* (1972), le col de chemise ouvert trahit le meurtrier : "*You're not wearing your tie*" constate l'inspecteur Oxford, chargé de l'enquête (Alec McCowen) ; le dénouement de la cravate coïncide ironiquement avec celui de l'intrigue… et *Tie* avec *Die*.

La double personnalité du dangereux psychopathe est signifiée par le « *R* » de l'épingle à cravate : Bob *R*usk s'est présenté à l'agence matrimoniale dirigée par Brenda (Barbara Leigh-Hunt) sous un nom d'emprunt : *R*obinson. Cette lettre[135] est aussi l'initiale de *Rope*, titre de l'unique autre film d'Hitchcock traitant de ce type de jouissance. L'autocitation est « signée » à la dernière image de *Frenzy* (ill. 2) : l'initiale de son propriétaire est inscrite en blanc sur la malle utilisée pour transporter les cadavres. L'objet démarqué (à la lettre estompée) évoque le coffre de *Rope*.

---

[135] Remarquer que « Rebecca » commence par cette même lettre, à connotation décidément maléfique !

Le film est rigoureusement construit selon une structure binaire symétrique/asymétrique régie par « le quatre[136] ».

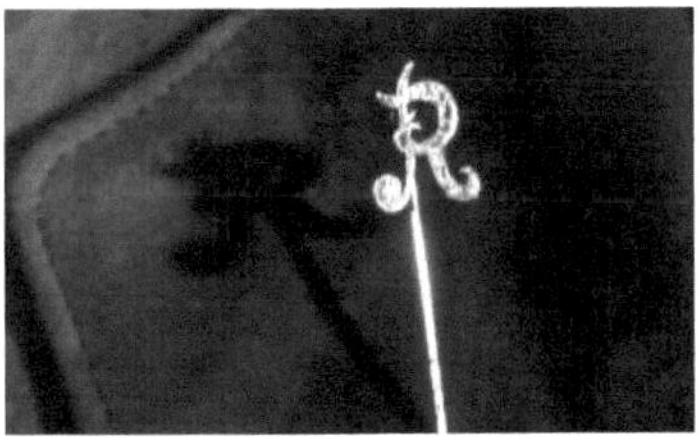

Deux inconnues (X) et deux héroïnes (B)[137], dénudées et étranglées par Bob Rusk, se font écho par inversion : la première inconnue cadrée de dos en plan rapproché ouvre le film en plein jour dans un lieu public où règne la confusion ; la seconde, de face et à l'étage, ferme le film dans un lieu privé où la vérité éclate… en pleine nuit ! Elles forment un diptyque, un recto verso pitoyable.

Les meurtres des héroïnes sont complémentaires : Brenda (la seule victime à être abandonnée sur le lieu de l'action) est violée et tuée sous nos yeux mais nous n'assistons pas au meurtre suivant, supposé : le tapis rouge de l'escalier redescend seul, silencieux, jusqu'à la rue. Le visionnement de la nudité de la jeune femme est différé. Le psychopathe « se charge » de sa victime comme des caisses de fruits et légumes manipulées dans les halles londoniennes. La séquence du transport de Babs (Anna Massey) dans un camion montre le corps féminin réduit à *un sac* d'organes et de chair jeté parmi les pommes de terre d'*un sac*, mise en abyme terrifiante ! Comprenant

[136] Truffaut compare cet ordre méthodique de faits se recoupant verticalement et horizontalement à « une grille de mots croisés sur le thème de l'assassinat » (*Hitchcock/Truffaut*, *op. cit.*, p. 285).
[137] Brenda et Babs ont la même initiale…

soudain que Babs a arraché l'épingle à cravate[138]qui révélerait son identité, Rusk se précipite dans le camion ; il fouille les sacs et la récupère dans des conditions aussi atroces que risibles (le cadavre lui assène un coup de pied dans le nez, il se voit contraint d'ouvrir la main crispée sur l'objet au couteau). Le camion perdant son chargement en roulant, le cadavre tombe sur la route face à un véhicule de police qui stoppe in extremis. Le corps aux jambes repliées (dont Hitchcock a pris soin d'occulter la tête), bien que nu et offrant au regard des fesses rebondies, n'est absolument pas un objet de convoitise. Jean Douchet écrit dans un texte traitant du symbolisme hitchcockien que le corps humain « offre la meilleure prise aux Ténèbres qui s'efforcent, par tous les moyens, de le ravaler au rang d'objet[139] » parce qu'il est avant tout constitué par la matière[140].

La lumière divine est anéantie dans *Frenzy* par la noirceur des actes d'une créature démoniaque ; Rusk n'est pas seulement un criminel, il est un traître : après avoir étranglé la fiancée de Richard (Jon Finch), son meilleur ami (soupçonné à sa place), il le recueille chez lui pour le livrer à la police. L'inefficacité de la religion est manifeste dans l'éprouvante séquence du viol de Brenda, autorisant une lecture anticléricale du film. Rusk déchire la robe de sa victime (un sein opulent envahit l'écran) tout en prononçant convulsivement les mots “ *lovely*” et “*bitch*” ; la jeune femme répond à la démence criminelle par une incantation biblique que scandent les mots nuit… flèche… pestilence… destruction… anges… Comprenant que son agresseur est ce meurtrier à la cravate recherché dans toute

[138] Et qui risquerait de le faire « épingler ».

[139] J. Douchet, *Hitchcock*, *op. cit.*, p. 206.

[140] Et le corps féminin particulièrement…

la ville et qu'elle va mourir, Brenda invoque le Seigneur : "*Jesus, help me !* ". Le champ/contrechamp qui suit est dépourvu d'ambiguïté ; au point de vue du spectateur (nous sommes comme toujours des voyeurs impuissants) sur l'expression orgastique de Rusk, succède un gros plan sur la morte : sous les yeux exorbités et la langue pendante, deux pans de cravate s'écartent sur une petite croix d'argent étincelante, *punctum* obscène de l'image.

Les fruits, pommes et raisin, à la fois discrets (quoi de plus naturel pour un maraîcher que de manger des fruits ?) et ostensibles (Rusk ne cesse de croquer des pommes et de se curer les dents avec la fameuse épingle à cravate), sont omniprésents et signifiants tout au long du film. Épingle et pomme sont associées dans l'opération du « nettoyage » ! La pomme, indéfectiblement liée à ses origines latine (*malum*) et biblique (fruit de la connaissance du bien et du *mal*), avait été entamée juste avant le passage à l'acte, et suite au plan sur la croix, la caméra cadre Rusk achevant goulûment la pomme. Une belle grappe de raisin est généreusement proposée par le psychopathe à Richard dans le marché couvert, accompagnée d'une bienveillante allusion sexuelle (« Fais-toi peler une grappe par Babs ») et d'une méchante ironie (« pour ne pas mourir de faim »). Symbole eucharistique, le raisin est aussi un symbole funéraire lié au culte de Dionysos, à la connaissance des mystères de la vie après la mort. Hitchcock filme des choses simples dans un décor attendu et prend un réel plaisir à en subvertir la forte connotation symbolique.

La croix n'est présentée qu'une seule fois dans le film, mais sa symbolique chiffrée le parcourt avec insistance : toute la trame narrative est sous-tendue par le quatre. Strangulations (X/B et B/X) et couples sont au nombre de quatre. Le cinéaste fait preuve d'une terrible cohérence : deux des quatre crimes qui structurent le récit lui sont extérieurs ; deux des quatre couples mis en scène jouent un rôle important, les deux autres étant annexes. Les couples autour desquels gravite le récit sont Richard et Babs (sincèrement amoureux, ils sont les seuls à vivre « en union libre »), et Oxford et son épouse (Vivien Merchant), couple conventionnel dont l'existence routinière n'est épicée que par les expériences culinaires de Mrs Oxford ! Le grotesque couple d'arrangement constitué à l'agence matrimoniale et les Porter (davantage unis par l'argent que par les sentiments) sont dérisoires. L'institution chrétienne du mariage est férocement raillée toute la durée du film.

## *Pénétrer*

> « D'une clé, il faut s'en méfier comme d'une vipère. Son pouvoir est double et s'exerce tantôt dans un sens, tantôt en sens contraire[141] ».

> « Ayant remarqué que la clé du cabinet était tachée de sang, elle l'essuya deux ou trois fois [...] ; il y demeura toujours du sang car la clé était Fée[142] ».

La pénétration suppose mouvement, ouverture et retrait. Hitchcock associe l'action à différents objets, si marquants qu'ils sont indéfectiblement associés à des films précis. Comment évoquer *Notorious*, *Under Capricorn* ou *Dial M for Murder* sans se souvenir des clés ? Ou encore *Rear Window* sans que ne surgisse l'image d'un téléobjectif ?

Hitchcock aime faire coïncider sens abstrait et concret : la clé qui ouvre la cave de *Notorious* et la clé qui n'ouvre plus l'appartement des Wendice dans *Dial M for Murder* sont véritablement les clés des énigmes autour desquelles s'organisent les scènes de suspense. Les clés disparaissent mystérieusement du trousseau de Sebastian (Claude Rains) et du sac de Margot Wendice pour y réapparaître un peu plus tard : elles ont été subtilisées au mari par son épouse dans *Notorious* et à l'épouse par son mari dans *Dial M for Murder*. Le secret découvert par Alicia (Ingrid Bergman) et Devlin (Cary Grant) dans la cave de l'espion nazi est ainsi percé : les bouteilles de vin contiennent de l'uranium.

---

[141] J. Suquet, *Marcel Duchamp ou l'éblouissement de l'éclaboussure*, *op. cit.*, p. 86.
[142] C. Perrault, « La Barbe bleue », in *Contes* (1695), Paris, Garnier, coll. « classiques », 1981, p. 125.

Wendice se fait piéger à cause d'une mauvaise clé, la bonne clé ayant échappé à sa vigilance. Mais ces objets signifient davantage ! On aura remarqué que les scénarios des deux films se ressemblent étrangement : une femme est aimée de deux hommes ; les amants éclaircissent les mystères ; les maris trompés tentent de supprimer leur épouse. La clé exprime le lien amoureux dans le premier film, l'absence de ce lien dans le second. Alfred Hitchcock pratique l'art de l'inversion en parfait virtuose.

Selon Gilles Deleuze, un même objet fonctionne dans le cinéma d'Hitchcock tantôt comme un symbole, tantôt comme une démarque[143] : « [...] et la clé de la cave, que l'héroïne tient dans sa main serrée, porte l'ensemble des relations qu'elle entretient avec son mari à qui elle l'a volée, avec son amoureux à qui elle va la donner, avec sa mission qui consiste à découvrir ce qu'il y a dans la cave. On voit qu'un même objet, une clé par exemple, peut suivant les images où il est pris fonctionner comme un symbole (*Notorious*), ou comme une démarque ("Le crime était presque parfait") [144] ». La séquence de la réception à laquelle fait allusion l'écrivain présente un ingénieux dispositif pour conduire notre regard à la minuscule clé tenue dans la main serrée d'Ingrid Bergman : la caméra (juchée très haut sur une grue) commence par cadrer en plongée une vaste portion d'espace, l'escalier et la salle avec les invités posés comme des pions sur l'échiquier du carrelage. Elle descend ensuite lentement jusqu'à obtenir un gros plan sur la main fermée (ill. 1). A ce vertigineux

[143] Est appelé symbole « un objet concret porteur de diverses relations, ou des variations d'une même relation, d'un personnage avec d'autres et avec soi-même », la démarque supposant la sortie du coutumier, le hors série : in *Cinéma I. L'image-mouvement*, *op. cit.*, p. 274- 275.
[144] *Ibid.*, p. 275.

zoom vertical succède un zoom horizontal parfaitement complémentaire, marquant la seconde étape (passer la clé volée) et guide notre regard jusqu'aux mains des amants.

 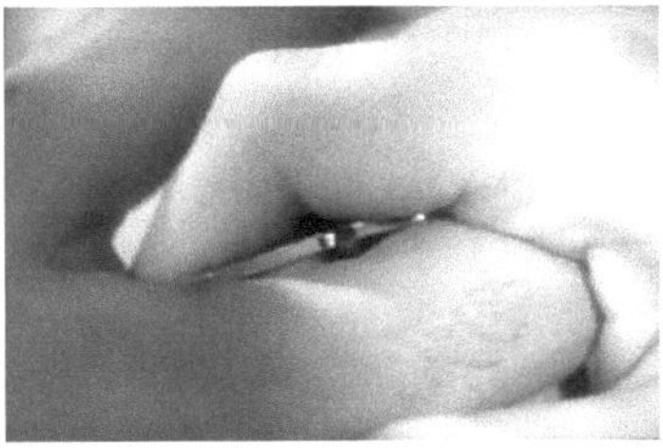

La gestuelle amoureuse coïncide avec l'accomplissement d'une mission diplomatique. Démesurément exhibée pour nous seuls, invisible pour le mari dupé, l'inter*pénétration* du doigt féminin et du doigt viril à peine écartés sur la fine paroi joue telle la synecdoque visuelle de chairs mêlées. L'érotisme est exacerbé (ill. 2) alors que presque rien n'est montré. La clé fonctionne bien comme un symbole mais est-il certain qu'elle ne fonctionne que comme « une démarque » dans *Dial M for Murder* ?

La clé de Tony Wendice ne rentre plus dans la serrure, la démarque va de soi puisqu'elle n'est pas la sienne ! Rappelons la situation : Wendice dérobe la clé de son épouse et la remet à un tueur chargé de s'introduire dans l'appartement en son absence pour étrangler la jeune femme ; nous connaissons la suite… Wendice ne suppose pas que l'homme ne respectera pas sa consigne : conserver la clé sur soi et la replacer sous le tapis de la cinquième marche. Une imparable logique conduit le criminel à reprendre la clé de son épouse dans la poche du mort pour la replacer dans le sac, mais la clé de Margot n'a pas quitté le tapis de l'escalier ! Une règle est absolue dans le cinéma d'Alfred Hitchcock, les objets ne se laissent pas soumettre.

Selon Jean Funck, ce vague sentiment animiste qui nous traverse à la vision des films « est encouragé et alimenté tout naturellement par les conséquences traditionnellement dangereuses que la présence de certains objets en certains lieux peut entraîner lorsqu'ils se trouvent impliqués dans des affaires qui sont du ressort de la police[145] ».

Les pouvoirs magiques des objets sont particulièrement mis en évidence dans « Le crime était presque parfait » : la perfection n'est pas atteinte car l'objet « se subjectivise » tandis que l'être ne le contrôle plus, en devient la proie (une montre s'arrête, le téléphone sonne en retard, la clé n'ouvre plus, elle enferme). Une fois de plus Hitchcock nous place sous le charme envoûtant des contes de fées[146]. Il associe au jeu des acteurs impliqués dans le crime *un jeu de clés* du même nombre. Récit et résolution de l'intrigue dépendent du *compte de clés* : deux bonnes, une mauvaise. La meilleure de toutes est sans conteste celle de Margot ! Soumise et patiente, cette bonne clé s'est laissé « prendre de force » par le méchant mari, « arracher » de sa cachette initiale, un petit écrin de soie noire profondément enfoui dans le sac à main (ill. 1-2) pour une autre cachette, où elle attend le moment décisif pour agir : être reprise par le meurtrier. Mais *Reprendre* ne signifie pas posséder... Fidèle à sa maîtresse, la clé lui sauve la vie en piégeant le coupable. Elle joue dans la serrure « contre » le traître et si elle lui ouvre gentiment la porte, c'est pour mieux le perdre : cerné de toutes parts (dans le salon comme dans le couloir), victime du maléfice, Wendice est démasqué.

---

[145] J. Funck, « Fonctions et significations dans le cinéma d'Alfred Hitchcock », in *Positif n° 286*, décembre 1984, p. 33-34.

[146] Ainsi que dans *Rebecca* ou *Under Capricorn*, où Mrs de Winter comme Mrs Flusky sont sous l'emprise de deux « mauvaises » fées.

La « mauvaise clé » entre en jeu au moment du crime : elle appartient au second méchant du conte, le tueur par procuration dont la vie a été coupée par les ciseaux d'Atropos. Extraite de la poche d'imperméable (ill. 3) du mort par Wendice (et prise pour la clé de son épouse), elle s'alliera à la bonne clé (ill. 4) pour confondre le meurtrier.

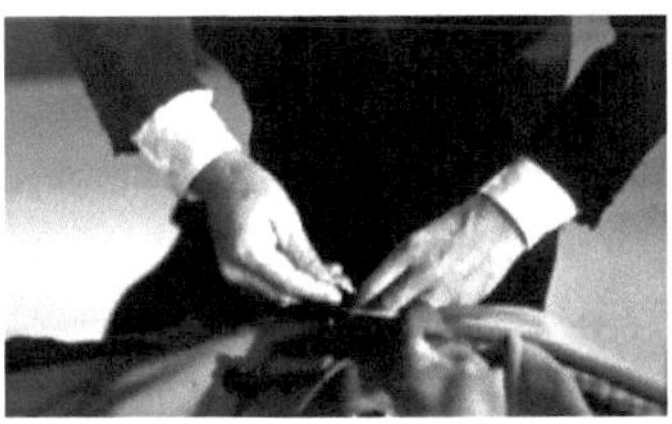

C'est au tour de la troisième et « bonne clé » d'entrer en scène et de jouer un rôle essentiel pour innocenter Margot. Il s'agit pourtant de la propre clé du criminel... qui se laisse dérober par l'inspecteur Hubbard : il la subtilise astucieusement en échangeant son imperméable avec celui de Wendice. Ayant compris que la clé utilisée par le tueur est toujours sous le tapis de la cinquième marche (où elle a été replacée dès l'ouverture de la porte par le tueur), le charmant Hubbard s'en saisit et nous la tend ; privé de sa clé, Wendice est contraint de recourir à la mauvaise clé dans le sac à main, celle du tueur (ill. 5-6 p. 143). Les trois clés agissent désormais pour une même cause : quel autre recours le meurtrier a-t-il si ce n'est de récupérer la clé dans une cachette connue de lui seul, soit de se trahir ? La porte s'ouvre sur un univers « sans issue » et le sortilège prend fin en même temps que le film.

Wendice est impuissant à introduire la clef dans la serrure de son épouse. Le symbole sexuel est clair : au delà de la ténuité des sentiments (Margot a pris un amant), il en est parfaitement indigne ! Il a pratiqué de force une double pénétration dans l'intimité de l'objet le plus féminin qui soit pour parvenir à ses fins criminelles. Il a violé l'écrin protecteur profondément enfoui dans le sac. Le dispositif originel d'ouverture d'une porte est d'ailleurs tout à fait suggestif : le mot est d'abord synonyme de « clou » (*clavos*) car la serrure primitive consistait en un clou pénétrant dans un anneau. Le symbolisme trivial se double de la référence à un univers féerique, lui-même allusif à la mythologie : les fées (généralement au nombre de trois) sont à l'origine les célèbres Parques romaines. Pierre Grimal précise que « les trois Parques étaient représentées sur le forum par trois statues que l'on appelait couramment les *trois fées* – les *tria Fata*[147] ». Margot a été métamorphosée quelques instants en Parque, le temps de couper la vie de son assaillant avec ses ciseaux. La fatalité étant inéluctable, l'heure est venue de couper celle du vil mari : le cadrage récurrent sur la boîte à couture est signifiant. Le sort de Tony Wendice était tracé !

---

[147] P. Grimal, cité par A. Chevalier, A. Gheerbrandt, *Dictionnaire des symboles*, *op. cit.*, p. 430.

Hitchcock ne se lasse pas d'exploiter la double et paradoxale fonction de la clé, *ouvrir* et *fermer*. Ce symbole de liberté et de puissance peut s'inverser en un clin d'œil en son contraire ! Le retour d'une clé, disparue comme par enchantement du trousseau d'Alexander Sebastian signe l'arrêt de mort de l'épouse qui l'a trahi autant que le sien.

Tony Wendice perd sa puissance en étant privé de sa clé… et l'objet transmet ses pouvoirs à son nouveau détenteur. La même idée dynamisait déjà le film *Under Capricorn*. Le trousseau de clés attaché à la ceinture de Milly et exhibé avec orgueil est le symbole de son pouvoir absolu. La démoniaque gouvernante ne se contente pas de régner sur la demeure de Sam Flusky, elle terrorise son épouse en lui faisant subir une véritable torture physique et mentale : elle incite Lady Harietta à l'alcoolisme pour l'humilier en présence de son époux et de ses invités, ou même devant des domestiques dépravés ; elle place régulièrement sur l'oreiller de la jeune femme une abominable tête réduite et la persuade qu'elle est victime d'hallucinations ; enfin, elle veut sa mort et l'empoisonne lentement.

Un changement de propriétaire implique un immédiat transfert de pouvoir. Hitchcock exploite ingénieusement le principe en renouvelant ses modes opératoires : actions et effets liés aux clés s'inversent dans *Under Capricorn* selon qu'elles sont entre les mains de la gouvernante ou de la maîtresse de maison. Lorsque le pouvoir est du côté de Milly, il est question d'*ouvrir pour enfermer* ; lorsqu'il est du côté d'Harietta, il est question d'*enfermer pour ouvrir*. Milly ouvre portes et armoires pour faciliter l'accès de sa maîtresse à la réserve d'alcool. Habile et pernicieuse, elle enferme ainsi la jeune femme dans un état de prostration et de délabrement croissants et règne mieux sur la maison. Elle espère séduire progressivement le maître secrètement adoré et remplacer l'épouse lamentable qui se meurt.

Lorsqu'Harietta s'extrait de sa torpeur grâce aux soins attentionnés (voir amoureux) de son cousin Charles, elle commence par fermer les mêmes portes et armoires ; elle range, cherche à imposer l'ordre. Le pouvoir magique des clés se manifeste sans attendre : la jeune femme ressuscite, se métamorphose, elle s'ouvre telle une fleur radieuse dont l'éclat accroît haine et jalousie de Milly. Ces deux femmes qui aiment le même homme détiennent un secret que les clés, « tour à tour », enferment et délivrent.

Harietta s'enivre pour oublier un double crime : elle a tué son propre frère afin de protéger son mari sans jamais avouer ce crime ; elle a laissé Sam se livrer à la justice à sa place et purger sa peine au bagne. Elle « ouvre » son cœur à Charles et se libère enfin de ce secret terriblement lourd ; une reprise en main du trousseau de clés lui permet de régner à nouveau sur la maison et dans le cœur de Sam. Milly est prise sur le fait : la tentative d'empoisonnement de sa maîtresse avorte ; définitivement privée du pouvoir des clés (il ne lui est plus permis d'« enfermer » en elle son secret, son amour éperdu pour Sam), elle expulse ses sentiments avec hargne avant de s'enfuir.

Les clés disparaissent des films après *Dial M for Murder* pour ressurgir dix ans plus tard dans *Marnie* : toujours garantes de secrets, elles accompagnent l'héroïne.

Marnie utilise uniquement les clés des consignes (ill. 1-2) pour enfermer ses tenues de voleuse et les clés des tiroirs recélant les combinaisons chiffrées d'un coffre-fort : les unes sont jetées, les autres discrètement remises en place.

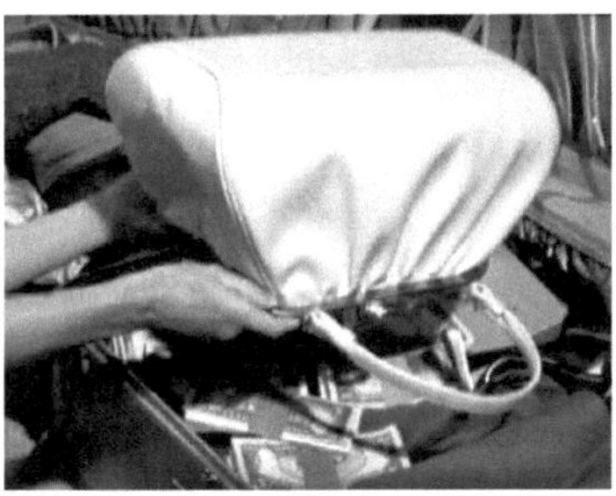

La jeune femme vit à l'hôtel, elle n'a pas de « chez soi » ; lorsqu'elle rend visite à sa mère à Baltimore, celle-ci ne lui ayant pas confié de clé, elle est contrainte de sonner. La porte s'ouvre par surcroît sur une étrangère, la fillette d'une voisine qui l'a remplacée dans le cœur de sa mère. Lorsque Marnie *vide son sac* (ill. 3), elle ne révèle rien sur elle… si ce n'est qu'elle a emporté la caisse du patron ! L'instable Marnie change constamment d'identité (ill. 4), d'aspect, d'employeur et de ville après un cambriolage. La clé nous renseigne sur la sexualité de l'héroïne : symbole de possession, elle lui fait horreur. La kleptomanie est une façon de compenser l'affection maternelle (dont elle a été privée depuis la petite enfance) autant que sa frigidité. Rappelons qu'à cinq ans Marnie a tué à coups de tisonnier un marin ivre violentant sa mère, prostituée, sous ses yeux. Comme dans *Dial M for Murder*, clés et sacs sont liés à la féérie : il s'agit ici d'accéder à « la formule magique » ; et Hitchcock ne croit pas si bien dire en confiant à François Truffaut : « Au fond, si nous voulons ramener l'histoire de Marnie à sa source la plus vulgaire, nous obtenons quelque chose comme "le Prince et la Mendiante"[148] ».

La question de la frigidité est posée dès la magnifique première image du film, avec le très gros plan sur le sac à forme vaginale bouclée. La totalité des fuyantes d'une image savemment agencée oriente notre œil sur le sac toute la durée de l'éloignement du personnage sur le quai (ill. 1 et 2), saisissant *punctum* qui happe le regard et ne suppose aucun hors champ, du moins en apparence, car « les cadres d'Hitchcock ne se contentent pas de neutraliser l'environnement, de pousser le système clos aussi loin que possible et d'enfermer l'image dans le maximum de composantes ; ils feront en même temps de l'image une *image mentale*, ouverte sur un jeu de relations purement pensées qui tissent un tout[149] ».

A chaque usurpation d'identité, Marnie change de sac ! Ses sacs à main sont des objets à vocation professionnelle (elle en utilisera deux lors du cambriolage de Rutland). Ils réfléchissent l'image de l'héroïne : seule leur apparence est sexuée ; on n'y trouve pas d'accessoires destinés à la séduction comme dans le sac de la secrétaire (une jeune femme aux ongles courts et à l'aspect peu sexy) qui contient non seulement une clé personnelle rutilante mais aussi les objets les plus féminins qui soient. Les sacs de

---

[148] *Hitchcock/Truffaut*, *op. cit.*, p. 260.

[149] G. Deleuze, Cinéma I. *L'image-mouvement*, *op. cit.*, p. 31.

Marnie ressemblent davantage à de gros porte-monnaies, à des *bourses* qui se remplissent et se vident (ill. 3 et 4) et confèrent à la jeune femme puissance et indépendance, ce qui lui donne l'illusion de pouvoir se passer des hommes.

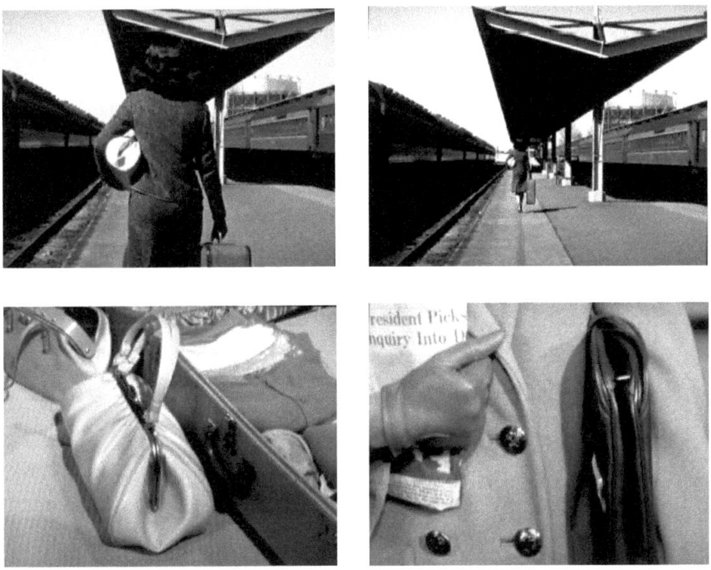

Selon Jean Douchet[150] l'efficacité rationnelle déployée par Marnie dans le changement perpétuel de sac manifeste sa volonté inconsciente de rejeter le secret enfermé en elle. Hitchcock signifie effectivement le refoulement du terrible traumatisme, la frigidité et le comportement déréglé qui en résultent, au moyen d'objets simples et banals : clés et sac sont ainsi investis d'une forte charge érotique dans le système de relations où ils jouent. Hitchcock met en scène sans répit la fascination des apparences[151] ; il prend plaisir

[150] J. Douchet, *Hitchcock*, *op. cit.*, p. 205.

[151] La question métaphysique du « piège des apparences » traverse tout le cinéma hitchcockien sous de multiples formes : les personnages

à dissimuler le feu sous la glace, il invite personnages et spectateurs à pénétrer dans l'intimité de ses blondes et hautaines héroïnes jusqu'au dévoilement de leur profonde féminité. Si « en chaque femme le cinéaste traque le sexe et débusque les passions, triomphant de cette façade de respectabilité puritaine cause de tous les refoulements et donc des multiples inhibitions et déviations sexuelles qui hantent son univers[152] », ces objets hallucinants en leur projection démesurée extériorisent de tels refoulements.

Le plâtre qui immobilise la jambe brisée de Jeff dans *Rear Window* fonctionne comme symbole de castration ; l'intense expression de jouissance lorsque, se grattant à l'intérieur de son plâtre, il calme enfin sa démangeaison, et le grand intérêt porté à la gestuelle sexy de la danseuse d'en face esquissent le portrait d'un célibataire frustré et « voyeur ». Stella (Thelma Ritter), son infirmière, n'hésite d'ailleurs pas à le traiter de *Peeping Tom* et lui reproche son choix de ne pas se marier. Leur conversation se porte alors sur l'éventail des couples et des célibataires occupant l'immeuble de la cour, observés sans répit par Jeff durant ses longues heures d'immobilité et de désœuvrement. Les fenêtres des voisins sont autant d'écrans où viennent s'inscrire diverses conduites humaines, plus ou moins distrayantes, sous la forme d'un petit catalogue des comportements : « Ce que l'on voit sur le mur de la cour, c'est une quantité de petites histoires, c'est le miroir d'un petit monde[153] » précise Hitchcock ; il n'invoque pas le

---

de Judy/Madeleine dans *Vertigo* et de Mrs Bates dans *Psycho* sont comme l'incarnation paroxystique de cette hantise. Obsessionnelle et métaphore de l'art cinématographique, cette question pourrait faire l'objet d'un essai intitulé *La hantise des apparences*.

[152] R. Prédal, *Études cinématographiques n° 84/87*, *op. cit.*, p. 96.

[153] *Hitchcock/Truffaut*, *op.*, *cit.*, p. 179-180.

*miroir* innocemment : la fenêtre de prédilection, située en exact vis-à-vis de celle de Jeff renvoie, en reflet inversé, sa propre situation. Mr Thorwald et Lisa Freemont apportent des repas, l'un à sa femme, l'autre à son fiancé immobilisés, et leurs soirées sont animées par le désaccord.

Le cynisme d'Hitchcock s'exerce par la superposition du « découpage d'un scénario » à partir de *tranches* d'observation au téléobjectif (le trou de serrure implique le fragment !) avec le « découpage d'une femme » par son mari. Le crime imaginé par Jeff est la projection d'un fantasme inavoué, enfermé dans la « fenêtre de derrière » (*Rear Window* ), c'est-à-dire dans l'inconscient du héros : comment parvenir à « découper » Lisa, à séparer passion physique et sentimentalisme convenu ? Remarquons que l'intrusion dans l'intimité des voisins sert de révélateur de ses pulsions au reporter photographe.

Si le téléobjectif de Jeff, un substitut de son membre immobilisé, sert de « passe » pour pénétrer chez le voisin, la véritable aventurière est Lisa dont l'objectif de conquête … est le cœur du reporter.

## *Objets pervertis*
(ou les sens capitaux)

« Ayant lui-même une caméra dans l'œil, Hitchcock ne résiste souvent pas à la tentation de mettre un objectif devant l'œil de ses personnages. Quant aux lunettes, d'abord instruments d'optique, ce sont des lunettes pour voir qu'ajustent de jolies femmes s'il leur faut s'occuper de choses sérieuses. C'est aussi le verre déformant dont les gauchissements véridiques désignent mieux qu'un miroir les monstres, les maux secrets[154] ».

L'objet perverti est aussi un objet démarqué puisqu'il se fait *re*marquer par un emploi inédit dans une situation attendue et se charge de sens dans un système de relations. Il en diffère cependant du fait qu'il « semble » fonctionner tout à fait normalement (contrairement à la clé qui n'ouvre plus la porte, à la paire de ciseaux coupeuse de vie ou au verre de lait éclairant dans le noir comme une torche) alors qu'il agit sournoisement. Il sollicite activement deux sens privilégiés par Alfred Hitchcock : la vue et l'ouïe.

Apparemment banales et inoffensives, les lunettes procurent des « visions » étranges et déterminantes pour l'intrigue à leurs porteurs : elles détiennent un pouvoir maléfique dans *Strangers on a Train* ou *The Wrong Man*. Les verres peuvent aveugler ou retarder l'éclatement de la vérité : les lunettes d'Ann la rendent sourde, elle n'est pas à l'écoute de son environnement dans *Shadow of a Doubt* ;

[154] Ph. Demonsablon, « Lexique mythologique pour l'œuvre de Hitchcock », in *Cahiers du cinéma n° 62*, août-septembre 1956, p. 25.

absorbée par les livres, elle n'entend pas le motif obsédant de « La Veuve joyeuse » qui va conduire intuitivement sa sœur à la découverte de la vérité. Constance Petersen perd toute clairvoyance dès qu'elle chausse ses lunettes dans *Spellbound*, c'est-à-dire lorsqu'elle exerce son métier de médecin. Reconnaissables à cet attribut, les intellectuels sont menacés d'un danger imminent ; seule l'expérience sensible leur permettra de l'éviter ou de l'enrayer. Que les verres déforment, enferment ou réfléchissent, ils renvoient inévitablement au spectacle de la mort chez Hitchcock.

Lorsque les instruments d'optique et les instruments de musique sont associés dans un film, ils agissent parallèlement pour une même cause (à l'insu de leurs propriétaires) comme dans *Waltzes from Vienna*, *Rear Window* ou les deux versions de *The Man Who Knew Too Much*.

Le goût, l'odorat et le toucher sont sollicités dans la quasi totalité des films : le rapport gastronomie/sexualité, obsédant, est associé au crime. Si la chair et les objets qui exaltent les sens symbolisent dans les natures mortes du XVIIe siècle le passage de l'être sur terre, ils expriment dans les films d'Alfred Hitchcock un imminent passage dans l'au-delà ! La faim des héros et héroïnes annoncent leur fin… "*I'm hungry ! I can eat a good dinner today*" s'exclame Charlie Oakley apprenant sa disculpation. Judy Barton commet l'erreur fatale de porter le collier de Madeleine tout en se relâchant : "*I'm suddenly hungry. I'm gonna have one of those big, beautiful steaks*". Hitchcock « sait combien le manger est indispensable à la vie et à la reconstitution des forces (dont les sexuelles ne sont pas les moindres). Mais il sait aussi que le mécanisme de la nutrition implique la décomposition, la putréfaction, la mort[155] » écrit Jean Douchet.

[155] J. Douchet, *Hitchcock*, *op. cit.*, p. 216.

***Des verres épais comme la nuit***

Les lunettes, généralement censées améliorer la vision, paradoxalement, peuvent aveugler ceux qui les portent dans le cinéma d'Alfred Hitchcock.

Un imposant lorgnon rond comme la lune ne quitte jamais le nez du comte Gustav Von Stahl (Robert Hale) dans *Waltzes from Vienna* (« Le chant du Danube », 1933) mais celui-ci est plongé dans la nuit : il ne voit pas les liens amoureux tissés sous ses yeux entre son épouse (Fay Compton) et le jeune Johann Strauss (Edmond Knight). Il rentre même chez lui en pleine idylle et interrompt, à son insu, le duo… musical !

Le dentiste Barbor ne voit pas venir malgré l'épaisseur de ses verres le cocasse retournement de situation de *The Man who Knew Too Much* (version 1, 1934) : le patient se saisit du masque à gaz qui lui était destiné, renverse le praticien dans le fauteuil (et la situation par la même occasion !) pour l'anesthésier à sa place ; il ne lui reste plus qu'à enfiler la blouse médicale et mimer une séance de travail à l'arrivée du tueur à gages... qui n'y verra que du feu.

Constance n'est pas seule à porter des lunettes dans *Spellbound* : son vieil ami psychanalyste, le professeur Brulov (Michael Chekhov) ne quitte pas les siennes ; la forme circulaire des verres confère à sa physionomie une incontestable ressemblance avec celle de Sigmund Freud. Hitchcock met en miroir les « aveuglements » différents des deux porteurs de lunettes : le professeur descend et se fige sur la dernière marche de l'escalier face à un spectacle auquel nous n'avons pas encore accès ; cadrées en légère contre-plongée, la tête et les lunettes rondes sont mises en évidence par le rectangle incliné d'un tableau sur le mur. Les directions spatiales très puissamment marquées (angle obtus de l'escalier, obliques rampe/mur) conduisent notre regard sur la main résolument fixée au globe de la rampe, tenu comme une sorte de boule de voyance, et mettent en évidence la gestuelle désarticulée du professeur Brulov.

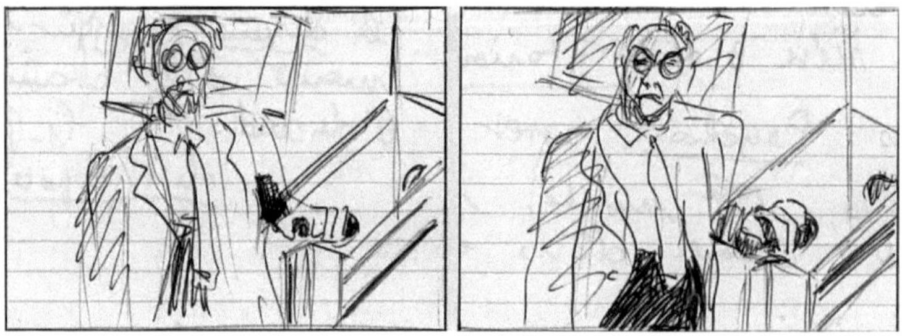

Posture et visage cadrés en un plan rapproché affichent la stupéfaction puis le mécontentement (croquis ci-dessus). La caméra délivre alors le contrechamp attendu et cadre le médecin et le patient enlacés. Nous assistons au brutal changement d'expression de Constance sous l'emprise du regard pénétrant et désapprobateur du vieil homme : ses yeux se détournent ; la honte et la mauvaise conscience ont chassé l'allégresse. Le mécanisme du suspense ou de l'inquiétude, comme l'a observé et écrit Pascal Bonitzer, n'est pas chez Hitchcock le montage parallèle ou alterné « mais le champ-contrechamp, qui fait jouer le regard[156] ». Le point de vue du professeur, après la terrible descente nocturne du patient, rasoir en main, est compréhensible ; nous avons assisté à l'éprouvante scène et vu de quelle façon la lucidité du savant expérimenté l'a (probablement) sauvé. Sa vue aiguisée lui a permis de se rendre compte de l'état hypnotique et irresponsable de Ballantyne à qui il a fait absorber un somnifère dilué dans un verre de lait : *verres* contre *verre* pourrait-on dire… car le cinéaste nous donne la vision du héros filtrée par un verre déformant qui

[156] *Cahiers du cinéma, spécial Alfred Hitchcock*, *op. cit.*, p. 14.

enferme le regard : le réel est englouti ; le professeur se voit lentement immergé à travers ce « verre progressif » jusqu'au monochrome blanc étalé sur la totalité de l'écran.

Nous ne sommes pas loin à ce moment du film d'adopter « le point de vue » de Brulov, tellement Constance paraît aveuglée par ses sentiments. L'exercice de la psychanalyse nous semble peu compatible avec sa passion irréfléchie... mais il s'avère que la passion et la confiance irraisonnées ont été efficaces et que Brulov n'a pas vu clair en jugeant Ballantyne inguérissable. L'« inconscience » de la jeune femme n'était qu'apparente, elle était au contraire mue par sa clairvoyante intuition, dictée bien sûr par l'inconscient. Constance détenait en-deçà de toute logique de caractère scientifique, contrairement au professeur, la bonne vision !

Le type du savant à lunettes enfermé dans son savoir est repris dans *Torn Curtain* une vingtaine d'années plus tard. L'éminent physicien Lindt (Ludwig Donat) accepte de rencontrer son collègue Armstrong (Paul Newman) à l'université de Leipzig pour discuter du missile Gamma 5.

Armstrong est missionné par les USA en Allemagne de l'Est (des espions américains l'y attendent) pour s'emparer d'un secret scientifique. Le personnage du physicien à lunettes est un duplicata du savant freudien de *Spellbound*. Hitchcock qui se plaît à déjouer et rejouer les stéréotypes met en scène le « savant distrait », tout aussi expérimenté et aveugle que le psychanalyste, malgré les lunettes. Si les deux personnages se sont enfermés dans leurs univers respectifs, l'immense différence est que le physicien ne ressent pas la moindre méfiance envers le héros du film : le stratagème adopté est de jouer à renseigner Lindt pour lui soutirer la précieuse formule. Armstrong sait stimuler la passion du vieil homme ; il aiguise habilement sa curiosité tout en flattant son ego. Exalté par sa découverte, le physicien rectifie une à une les erreurs de son collègue jusqu'à révéler et inscrire la fameuse formule au tableau ! Totalement imperméable à son environnement, il n'entend pas l'annonce alarmante diffusée par le haut-parleur juste au-dessus de sa tête : l'espion démasqué « est attendu d'urgence au bureau du Recteur ». Aveugle et sourd, le savant n'a pas vu venir le piège. Armstong s'empresse de retenir la formule avant que Lindt, comprenant (enfin) la situation au second appel urgent, ne l'efface en jurant, *mais un peu tard, qu'on ne l'y prendrait plus…*

Chabrol et Rohmer ont une heureuse expression pour définir *The Wrong Man* : ils évoquent un « film de nuit[157] » dans lequel les regards tiennent un rôle privilégié ; ils inventorient ces regards et décrivent ceux des témoins comme « butés et suffisants ». L'aveuglement des porteurs de lunettes atteint effectivement un paroxysme dans ce beau film où l'obscurité règne en maîtresse : Balestrero (Henri Fonda), contrebassiste dans une boîte *de nuit*, est

[157] C. Chabrol, É. Rohmer, *Hitchcock*, *op. cit.*, p. 154.

identifié par trois employées d'une compagnie d'assurance comme auteur d'un précédent *hold up*. La femme du guichet, persuadée de se trouver face au malfaiteur, pâlit en voyant l'homme porter la main à sa poche… révolver. Elle questionne une seconde employée pour obtenir la confirmation de « sa vision » : celle-ci s'empresse d'ôter ses lunettes pour regarder l'homme (geste justifiable par l'argument réaliste d'une vue performante de loin et non de près) et apporte une réponse affirmative. Les mots murmurés par ces justicières de service gravitent autour des seuls verbes « regarder » et « entendre » :

— *Don't look all at one time*
— *I didn't hear you* […]
— *Don't dare look*
— *Look at him*
— *I'm not looking at him now*
— *I didn't hear you.*
— *Just look at him.*

Hitchcock a livré l'indice d'un témoignage douteux avant le faux témoignage ahurissant d'une quatrième employée. Une commère à lunettes, surgie des coulisses de l'agence pour satisfaire sa curiosité, veut savoir si cet homme est bien l'auteur du cambriolage auquel elle n'a pas assisté ! Les employées l'en persuadent si bien qu'elle n'hésite pas à accompagner l'une d'elles à la police pour identifier le (faux) coupable dans une file d'individus soupçonnés ; le n° 4 est le bon, la réponse est sans appel : « *absolutely !* ». L'aplomb sidérant de cette femme disparaît au moment où les regards du « faux témoin » et du « faux coupable » se croisent : elle détourne lamentablement les yeux vers le sol en s'empressant de fuir. Mais avant cela nous l'avons entendu identifier avec une égale assurance un autre n° 4, mais le vrai coupable cette fois : coup de chance !?

Hitchcock nous a donné le parfait contre exemple de cet aveuglement insensé dans une séquence de *Saboteur*. Poursuivi par la police sous une pluie torrentielle, Barry Kane se réfugie chez un vieil aveugle. Les présentations sont très drôles et livrent des indices discrets pour la suite : invité à garer sa voiture sous le hangar afin de la protéger, Barry explique qu'il voyage en utilisant « son pouce » :

— *By thumb ?*

— *Yeah, I'm a hitchhiker*

— *Oh, I see*… répond le non-voyant…

La bonté de Philip Martin (Vaughan Glaser) est telle qu'il offre réconfort physique (feu de bois, repas) et mental à Barry (il joue du piano, s'intéresse sincèrement à lui). Si Barry ne s'aperçoit pas immédiatement de la cécité du vieil homme, celui-ci a repéré les menottes et fait preuve d'une incroyable « voyance » à l'arrivée de sa nièce : il a compris l'innocence du jeune homme au son de sa voix. Épouvantée par la situation, Patricia Martin ne perçoit que le danger encouru par son oncle ; celui-ci invite la jeune femme atterrée à conduire Barry chez le ferronnier pour le délivrer des menottes. Patricia trahit son oncle et décide de livrer le fugitif à la police : seul le vieil homme a vu clair.

La paire de lunettes de Miriam est un objet aussi capital que le briquet de Guy dans *Strangers on a Train*. Elle est ambivalente et joue plusieurs rôles. Hitchcock commence par renouveler « le genre » de la femme à lunettes : nous sommes loin des héroïnes de *Suspicion* et de *Spellbound*, de ces lunettes « qu'ajustent de jolies femmes s'il leur faut s'occuper de choses sérieuses[158] ». Miriam est une femme facile et butée ; elle refuse le divorce pour se venger de l'infidélité d'un mari qu'elle même ne cesse de tromper. La nymphomane est trahie par ses verres épais qui font

[158] P. Demonsablon, *Lexique mythologique* […], *op. cit.*, p. 19.

écran à la lumière : persuadée d'avoir séduit Bruno, elle ne voit absolument pas arriver le crime dans cette obscurité.

Les lunettes tombent pour permettre au spectateur de voir la strangulation, d'en être le voyeur, un témoin impuissant. Le cynisme d'Hitchcock et la poésie vont de pair dans cette scène d'une effroyable volupté. Le verre de lunette réfléchit l'assassinat tel un miroir (le crime a lieu dans un hors champ qui est de notre côté) : les sombres silhouettes enlacées du meurtrier et de la victime évoquent un couple de valseurs. Le macabre manège tourne sans aucun bruit jusqu'au dernier souffle de la jeune femme ; la musique foraine reprend alors de plus belle… et la fête continue !

Nous retrouvons le même genre de lunettes à la soirée des Morton sur le nez de Barbara (Patricia Hitchcock), sœur cadette de la maîtresse de Guy (Ruth Roman). Bruno s'est invité à la réception et badine cyniquement avec de mondaines femmes mûres sur le thème de l'assassinat. Les lunettes de Barbara lui procurent une vision, déclenchent le souvenir : les verres réfléchissent en double la flamme du briquet qui avait éclairé Miriam ; envoûté, Bruno revit intensément la strangulation… mais par procuration ! Il ne quitte pas le reflet des yeux en serrant le cou d'une invitée.

Enfin, Bruno apporte à Guy la preuve matérielle du crime, les lunettes au verre brisé. Tournées dans un sens comme dans l'autre, elles ne permettent plus de voir autre chose qu'un objet terriblement accusateur. La paire de lunettes d'une fillette dans *The Birds* a la même fonction : cassée d'un coup de bec, elle dénonce la violence ravageuse.

Les lunettes peuvent aussi exprimer l'esprit indiscret de leur possesseur : instruments malsains, « […] elles manifestent la fascination ambiguë du censeur pour le mal et son désir de rehausser sa médiocrité en la plaçant sur le socle, par lui construit, de la vilenie d'autrui[159]» écrit Jean Funck. C'est ainsi que Midge (Barbara Bel Geddes) prend un malin plaisir dans *Vertigo* à se peindre en Carlotta : l'intuitive porteuse de lunettes s'immisce dans la vie privée de Scottie et tente lamentablement de rivaliser avec ses énigmatiques rivales, Madeleine et l'ancêtre dont elle prétend être la réincarnation. Les lunettes sont le *punctum*

[159] J. Funck, « La fonction sournoise de l'objet » [note 4], in *Positif n° 286*, *op. cit.*, p. 35.

risible d'une peinture qui se veut pourtant romantique… Loin d'amuser Scottie, le portrait le foudroie et le fait fuir. Hitchcock démontre ici que les lunettes sont le signe criant d'un puissant handicap dans une entreprise de séduction tout en montrant combien Midge a la vue courte.

Le stéréotype des lunettes noires est revisité dans les films *North by Northwest* et *Psycho*. Roger Thornhill se croit caché dans le train derrière ses lunettes noires mais la séduisante espionne a soudoyé le serveur du wagon-restaurant pour le faire asseoir à sa table. Le policier aux lunettes noires qui réveille Marion sur la route après une nuit passée dans sa voiture la terrorise : les impénétrables surfaces vitrées substituées aux yeux annoncent le regard mort de Mrs Bates et l'effroyable destin qui attend la jeune femme ; tel un envoyé du diable, l'homme lui conseille de s'arrêter dans un motel pour dormir : *There are plenty of motels in the area. You should've… I mean, just to be safe.* Elle redémarre, change de voiture et se souvient du conseil la nuit tombée : un lugubre motel surgit alors dans la pluie.

### *L'optique et la musique*

Vue et ouïe sont associées au crime dès les premiers films : l'artiste poignardé par Alice dans *Blackmail* est peintre et musicien. La tentative de viol est précédée d'un jeu pianistique : la jeune femme se costume pour chanter, se trémousse, la parfaite harmonie de ce duo n'annonçant en rien la suite des événements. La métaphore de *l'entente amoureuse* est sérieusement revisitée par Hitchcock.

Celui qui « voit clair » dans *Murder*, Sir John (Herbert Marshall), unique juré persuadé de l'innocence de Diana (Norah Baring), est aussi le seul à écouter de la musique : on le voit se raser, perplexe, écoutant le prélude de *Tristan* à la radio, « une des meilleures scènes » selon Truffaut[160]. Musique et clairvoyance sont alliées dans d'autres films. Le vieil homme aveugle de *Saboteur* joue du piano tout en échangeant d'aimables propos avec Barry, et l'écoute de sa voix suffit à le convaincre de sa sincérité ; de son côté, Barry avoue être musicien et avoir pratiqué le triangle… Il démasquera effectivement les *trois* complices de l'organisation pronazie responsable de l'incendie où a péri son ami. L'inspecteur chargé de l'enquête sur le meurtre de Inwood (Michael Wilding dans *Stage Fright*) est pianiste. Les musiciens (lui et le père d'Eve, accordéoniste) sont les seuls à entrevoir en Jonathan un meurtrier psychopathe ; malgré ses grosses lunettes, la jeune femme lui fait une confiance aveugle jusqu'à ce qu'il tente de l'étrangler.

Aussitôt après l'expérience de *Waltzes from Vienna*, film totalement dynamisé par la musique (il met en scène le processus de création du *Beau Danube bleu*), Hitchcock tourne *The Man who Knew Too Much* (1934) : pour la première fois le crime est totalement soumis à la musique. L'intérêt porté par le cinéaste à cette relation est tel qu'il

---

[160] *Hitchcock/Truffaut*, *op. cit.*, p. 60.

réalise une version de « L'homme qui en savait trop » en 1956. Lieux, personnages et situations ont changé (nous sommes passés de la Suisse au Maroc, du rapt d'une fille à celui d'un garçon, de l'héroïsme féminin à sa parodie), mais l'intrigue est demeurée identique : un tueur doit abattre un ambassadeur étranger à l'instant de l'unique coup de cymbales de *Storm Cloud*, cantate d'Arthur Benjamin présentée à l'Albert Hall de Londres,

Nous sommes conviés à deux exécutions programmées. Deux tueurs vont « jouer », l'un de la gâchette, l'autre des cymbales, une seule fois, un instant très court redouté par l'héroïne (qui a pressenti l'assassinat) et attendu par le spectateur (puisque nous avons assisté à « la répétition »). Les exécutants des coups de révolver et de cymbales sont des tueurs professionnels, dont l'un par procuration et à son insu : Hitchcock estime la passivité du cymbaliste essentielle « puisqu'il ne sait pas qu'il est l'instrument de la mort. Sans le savoir, il est le véritable assassin[161] ». *Le suspense du coup de cymbales*[162] lui a été inspiré par un ensemble de dessins humoristiques racontant l'histoire d'un petit homme qui se réveille, se lève, se lave, se gargarise [...] et se rend à l'Albert Hall avec un étui contenant une petite flûte pour souffler une seule note (« bloop ») ; puis il rentre chez lui, accomplit le même rituel d'actions ordinaires que le matin : il met son pyjama, se couche et éteint la lumière. Il ne restait plus qu'à faire coïncider la note « percussive » des cymbales pour masquer la détonation « percutante » du deuxième instrument, soit les faire intervenir à l'unisson !

L'ingénieuse idée est visualisée par une alternance de cadrages rapprochés sur les deux instrumentistes, entre-

---

[161] *Ibid.*, p. 195.
[162] *Ibid.*, p. 74.

coupés d'images sur les actions respectives de Jo et Ben Mc Kenna (Doris Day et James Stewart). Remarquons que le joueur de gâchette dispose d'une tourneuse de pages, ce qui n'est pas nécessaire pour le cymbaliste (ill. 1-2), ayant juste une note à jouer ! Les quatre protagonistes du récit policier s'accordent aux quatre temps de la cantate. Le chef (Bernard Hermann) dont l'ombre de la baguette vient poétiquement s'inscrire sur la page où déferlent les notes de musique (ill. 4) orchestre aussi la montée de l'angoisse.

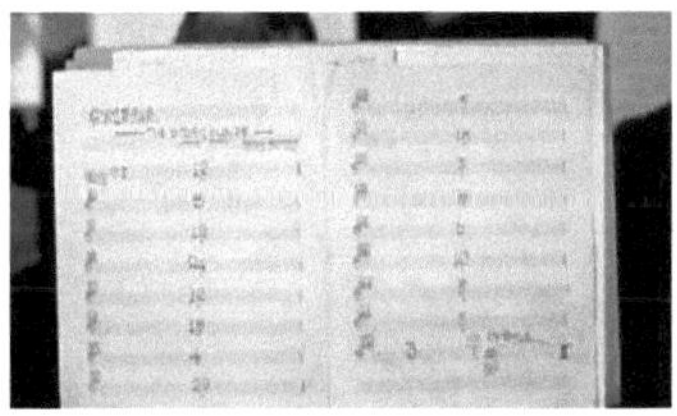

Le tueur et le cymbaliste se sont installés sous une pluie d'applaudissements, l'arrivée de Ben est marquée par un roulement de tambour, les larmes de Jo (qui expriment son impuissance à arrêter la bombe à retardement) sont aussi le signal attendu d'une sensibilité excessive à la musique ; son cœur battant fait écho au chœur battant des chanteurs et sa bouche ouverte par l'angoisse est filmée en une sorte d'« effet miroir » avec les bouches ouvertes par le chant.

La caméra nous conduit sensiblement vers les zones dangereuses : elle cadre le percussionniste assis, en attente de sa note, puis plonge vers les cymbales posées sur des chaises ; le rouge ardent du velours fait déjà vibrer l'or du métal. La caméra revient au tueur, à l'ambassadeur penché en avant comme pour mieux tendre la poitrine vers la balle qui lui est destinée, tandis que Jo se désespère au parterre.

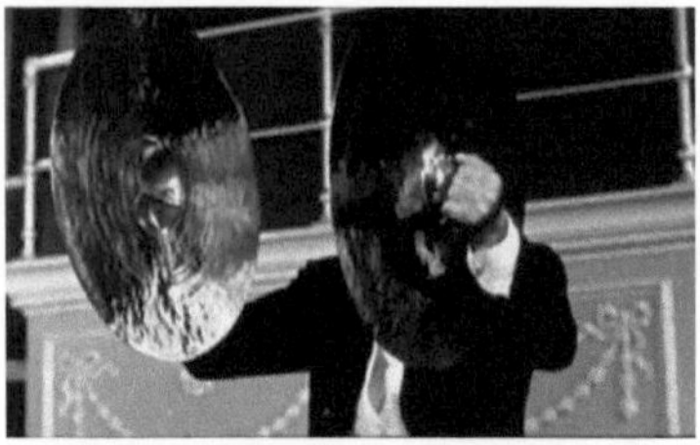

Le montage parallèle des actions extérieures à la salle et intérieures active le suspense : sont montrés en alternance Mc Kenna à la recherche du tueur (il parcourt une à une les loges de l'étage à un rythme d'enfer) pendant que Jo, impuissante, assiste aux préparatifs du dénouement. Une implacable accélération rythmique se fait entendre, et la résolution dramatique est ressentie comme imminente. C'est alors que les tueurs se saisissent de leurs instruments respectifs (ill. 1-2) : au plan rapproché sur les cymbales levées succède un gros plan sur la main tenant le révolver. Hitchcock nous donne le point de vue du cymbaliste en nous faisant tenir son instrument. Cet invraisemblable plan (ill. 3) est suivi d'un cadrage resserré sur le rideau de loge derrière lequel nous avons vu le tueur se dissimuler : le canon de l'arme surgit de la pénombre (ill. 4) et accomplit sur un interminable plan fixe (13'') un lent mouvement de rotation dirigé vers le spectateur. La succession de ces différents points de vue ralentit l'action et nous oppresse.

L'association vue et ouïe, motrice de la séquence, a pour *visée* le crime : l'optique est clairement du côté tireur dont les instruments sont des jumelles et le viseur d'une arme. Les jumelles ont permis le repérage (ill. 1-2) ; Hitchcock nous a donné ironiquement le point de vue du meurtrier : la cible (c'est-à-dire l'ambassadeur) se trouve dans la loge d'en face, marquée d'une croix. « Viser » suppose une intense concentration et une écoute attentive puisque la coordination avec le cymbaliste était la condition même de la réussite. Musique et optique ont donc œuvré pour un même objectif mais le sens de l'ouïe au final l'a emporté. Le musicien n'a pas raté son coup, le tireur a dévié le sien, déstabilisé par un son qui n'est peut-être pas de nature musicale mais qui relève tout de même de l'ouïe : le cri strident de l'héroïne venu dérégler les programmations.

Hitchcock met en scène dans « Fenêtre sur cour » les constructions parallèles d'un meurtre et d'une chanson ; œil et ouïe des spectateurs sont activement sollicités *via* les personnages principaux. Ces temps visuels et auditifs apparaissent sous la forme de fragments que nous sommes invités à reconstituer en compagnie des héros, le couple Stewart/Kelly : « le morceau » règne en maître… Le plan d'ensemble sur le bâtiment morcelé d'en face cadré depuis l'appartement de Jeff et le gros plan sur l'appareil photo brisé et déstructuré[163] le signifient dès le début (ill. 1-2) :

Métaphorique, le *découpage* de Mrs Thorwald, annoncé par l'objet brisé, renvoie aux « processus de création » du crime et de la chanson. Différentes bribes visuelles et musicales sont projetées sur l'écran, en autant d'informations dispersées comme les parties corporelles évacuées dans la valise métallique du mari. Malicieux et cynique, Hitchcock nous divertit dans sa cour de *re*création et sollicite notre fenêtre de derrière, soit notre intense réflexion.

On se souvient surtout de nombreuses images de James Stewart, l'œil rivé à un impressionnant téléobjectif. Il y a pourtant d'autres appareils optiques (ill. page ci-contre) : des jumelles, une visionneuse et un appareil photo au flash performant, le seul à être détourné ; Jeff s'en sert à la fin

[163] L'objet, non seulement renseigne sur la profession et sur la nature de l'accident qui immobilise Jeff, mais il est « le » symbole du film !

du film pour retarder l'approche de Lars Thorwald en l'aveuglant. Les autres instruments conservent tout leur usage même si Jeff les utilise pour s'immiscer dans des choses qui ne le regardent pas... mais que lui, regarde[164] !

La perversion vient du fait que le photographe se sert du téléobjectif tout à fait gratuitement, en dehors de sa profession de reporter, juste pour pallier à son désœuvrement. Selon Henri Maldiney, regarder « implique un retour du regard à l'origine de sa garde [...]. C'est un retour en deçà. Non pas simplement un retour en deçà des choses vues, mais en deçà de la chose à voir et qui n'est pas là : un retour à la possibilité même de tout surgissement[165] ». L'immobilité de Jeff l'incite effectivement à projeter son regard sur les écrans nus d'en face jusqu'au *surgissement* de l'événement, en retour de sa vigilante garde. Le sens de la vue est constamment sollicité puisque le héros passe le temps en observant (plus ou moins complaisamment) les scénographies du quotidien projetées sur le mur d'en face. La lutte contre l'ennui est d'abord pratiquée « à l'œil nu ».
... Et l'on voit Jeff sourire aux personnages surgis sur ces écrans démultipliés dont les retours périodiques et variés

[164] Composé de « garder », prendre en sa garde, et du préfixe « re – qui marque le retour, le verbe signifie à l'origine : « qui a l'œil sur ».
[165] H. Maldiney, « Esquisse d'une phénoménologie de l'art », in *L'Art au regard de la phénoménologie*, ouvrage collectif, Toulouse, Presses Universitaires du Mirail, 1994, p. 227.

rythment tout le film : une danseuse sexy exhibe ses fesses en mangeant, un pianiste peine à créer une chanson, un couple de jeunes mariés frustre le *Window shopper* par le carré blanc du store, un couple se querelle sans cesse, une femme célibataire lève son verre de vin à la santé d'un amant imaginaire, un couple de gens âgés avec un petit chien se laisse surprendre sur le balcon par une pluie torrentielle : le spectacle est continu. Stella, l'infirmière de Jeff, traite son patient de voyeur tout en l'informant cyniquement sur les risques encourus :

— *State sentence for a peeping' Tom is six months in the workhouse. They got no windows in the workhouse. In the old days, they used to put your eyes out with a red-hot poker.* [...] *We've become a race of Peeping Toms.* L'homme qui se dispute avec sa femme immobilisée (renvoyant à Jeff et Lisa leur situation inversée : un miroir moqueur et prophétique semble réfléchir leur couple !) retient progressivement l'attention du héros : de l'œil nu, il passe aux jumelles, et très vite des jumelles au téléobjectif. La focalisation du regard sur Thorwald se substitue à un balayage oculaire divertissant. Jeff surprend un étrange manège : la valise à la main, le représentant va et vient dans la nuit entre son appartement et la ville ; Hitchcock nous confie la relève de la garde de Jeff lorsqu'il s'endort. Au petit matin, le téléobjectif cadre la remise en place de la marchandise dans la valise, puis le nettoyage du mur, d'une scie et d'un couteau : Jeff ne doute plus, ni le spectateur, également *réduit à une situation optique pure*[166] ; il parvient à rallier Lisa et Stella (ill. 1-2) à son enquête optique et les enrôle ; elles descendent dans la cour creuser la plate-bande pour découvrir ce que le petit chien s'évertuait à déterrer, une action ordinaire mais qui

[166] G. Deleuze, *Cinéma I., L'image-mouvement*, *op. cit.*, p. 276.

lui coûte la vie : il est retrouvé étranglé. Soudain intrépide, Lisa escalade le mur et s'introduit chez Thorwald en quête de preuves du meurtre. S'élève alors une suave musique…

Elle envoûte les personnages au point qu'ils négligent leurs missions respectives : ne voyant pas Thorwald rentrer, Jeff ne téléphone pas à Lisa pour la prévenir de son retour ; envoûtée, la jeune femme oublie tout et se fait piéger. A l'étage du dessous Miss Lonelyheart (Judith Evelyn) en oublie même de se suicider ! La caméra cadre successivement la fenêtre du pianiste (entouré de quatre musiciens il joue la mélodie enfin composée) et les fenêtres du mur d'en face : Lisa et Mrs Lonelyheart, l'une au-dessus de l'autre, sont pétrifiées d'émerveillement.

Le rôle joué par la musique est très différent de celui qui lui était assigné dans « L'homme qui en savait trop » : elle n'est pas utilisée à des fins criminelles. On commence par entendre ponctuellement et partiellement un motif, très rapidement absorbé dans l'affluence des manifestations sonores (radio, vocalises, rumeur lointaine des habitants). Nous avons assisté aux difficultés d'écriture du pianiste et l'avons vu envoyer valser ses partitions en état d'ivresse. Nous avons ensuite reconnu un thème, retenu à notre insu, lorsqu'au petit matin le compositeur range l'appartement en slip, un balai dans la main droite, la main gauche pianotant la phrase mélodique qui commence à se préciser. La musique prend graduellement forme, s'étoffe, devient convaincante, comme la conception du crime supposé ; elle joue un rôle essentiel dans l'intrigue puisqu'elle place Lisa en danger de mort ; Hitchcock avait prévenu par son apparition chez le pianiste du risque encouru à son écoute : *l'arrêt du temps*. Il s'était empressé de « remettre la pendule à l'heure », un message alors incompréhensible. Si la musique « n'accompagne pas » la situation périlleuse de l'héroïne (puisque son tempo la contredit), elle retient à l'existence Mrs Lonelyheart : une coïncidence non fatale ?

Ce dispositif évoque une construction en perspective où des lignes parallèles paraissent se rejoindre alors qu'elles cheminent en toute indépendance ; elles se croisent à l'horizon dans un système mathématique et illusionniste en un point de « coïncidence » avant de fuir vers l'infini : c'est ainsi que l'on entend Jeff prononcer le mot « *Lisa* » à plusieurs reprises, prénom de la femme aimée bien sûr… mais aussi le titre de la mélodie que le quintette joue sous nos yeux. Cette coïncidence n'est pas celle d'un coup de cymbales avec un coup de révolver. Hitchcock prend plaisir à nous signifier que le cours des choses ne se maîtrise pas comme on le souhaiterait sauf au cinéma ! Et la fin nous reconduit au début : un plan rapproché sur Jeff cadre deux plâtres au lieu d'un, le thermomètre affiche la même chaleur qu'à l'ouverture du film et, sous des allures d'aventurière (elle lit un magazine de reportage sur l'Himalaya en tenue sportive), Lisa se plonge dans une revue de mode dès que son amant est endormi. En face, l'appartement souillé par le sang de Mrs Thorwald est repeint en blanc, les gens âgés ont racheté le même chien qui descend dans le même panier le long de la façade, les jeunes mariés ont entamé le processus de détérioration de leur union et se querellent sans cesse…

L'acuité de l'oreille et du regard, mise en scène et sollicitée chez le spectateur, est alliée à une intensité subtilement diabolique : face à l'éclat et à l'éclatement des apparences sur ces écrans dans l'écran notre regard glisse sans pénétration possible ; « le trou de serrure » de Jeff est au final illusoire dans le rayonnement de toutes ces images de la destinée. Le jeu imperturbable du pianiste rappelle celui de la sonatine de Diabelli dans *Moderato Cantabile* : « Il se mit à jouer. De la musique s'éleva par-dessus la rumeur d'une foule qui commençait à se former au-dessous de la fenêtre, sur le quai. […] L'enfant termina sa sonatine. Aussitôt la rumeur d'en bas s'engouffra dans la pièce, impérieuse. […] Des voix précipitées, de femmes et d'hommes, de plus en plus nombreuses montaient du quai. La sonatine alla son train, impunément […] [167]». Obstinée, la phrase suit son mouvement, tracé et invisible, parallèle à celui de la vie. Saisi dans son essence mais par le reflet, le mystère des corps et des cœurs ne se résout ni par l'image ni par le texte, et la musique, indifférente aux regards qu'elle croise s'élève contre vents et marées humaines.

[167] M. Duras, *Moderato Cantabile*, Paris, Les Éditions de Minuit, 1958, p. 13.

### *La chair et le temps*

Les tranches d'observations de Jeff sont entrecoupées de tranches de pain et de verres de lait : un téléobjectif, une assiette et un verre assemblés sur une nappe blanche fraîchement repassée composent une sobre nature morte.

L'objectif photographique a remplacé la longue-vue des natures mortes du XVIIe siècle. La « vue » prend nettement le dessus sur les autres sens en raison d'un cadrage oblique de la table (et non plus frontal comme autrefois), ce qui donne de l'ampleur à l'instrument placé dans la diagonale du plan. Le « goût » et le « toucher » sont représentés par des mets basiques aux découpes simples. Le procédé du dépassement d'un objet (le plus infime soit-il) pour donner du relief à la composition est emprunté aux Maîtres anciens : l'assiette au sandwich sort à peine de la nappe. L'absence d'objet relatif à l'« ouïe » aurait pu s'expliquer par le silence accompagnant ce plan fixe... mais un oiseau siffle dès qu'une main s'introduit *dans le champ* pour y saisir la nourriture ! Hitchcock laisserait-il entendre que Jeff a un appétit d'oiseau ?

Ce repas bien frugal est radicalement opposé au dîner chic commandé par Lisa (ill. 1-2). Formes géométriques basiques (cercle, rectangle et triangle) et couleurs neutres (blanc, gris, noir) des objets et de la nourriture ont fait place à la sophistication. Ces natures mortes paraissent exprimer les aspirations respectives des deux personnages.

Pain et lait, substances essentielles, alimentent la vigilance et la lucidité du reporter dans l'exercice de son enquête. Mais l'ardente Lisa désire séduire et enivrer son amant ! Aussi le menu est-il composé de plats préparés luxueux accompagnés de vin fin. Très élaborés, les ingrédients sont devenus méconnaissables, repoussants même : à bien y regarder, ces deux points noirs pourraient être des baies juteuses autant que le regard perçant d'un crabe émergé d'une masse gluante ; le morceau de beurre à l'arrière-plan ajoute une petite note écœurante ; la nappe blanche a fait place à une nappe voyante à double motif alterné de carreaux et de cerises, l'incontournable argenterie proscrit l'usage des mains, le cristal remplace le verre à moutarde. Lisa désire « en mettre plein la vue » à un homme qui ne la regarde plus. Son extravagante tenue s'accorde au repas : un bustier noir moulant fait éclater autour de la taille sa jupe vaporeuse d'une invraisemblable ampleur. Lisa Freemont, fleur carnivore à corolle blanche épanouie, rêve d'épouser le reporter afin d'absorber toute son attention et son énergie, un type d'aventure qui ne le tente pas. Il est permis de penser que c'est l'odeur entêtante de « la fleur », apparue sous la forme d'une ombre envahissante, qui a sorti « l'oiseau » de son sommeil…

La métaphore de la femme-fleur reviendra dans *Topaz* (« L'étau », 1969) mais avec une odeur de sang. Lorsque l'héroïne (Karin Dor) se fait exécuter par l'amant qu'elle a trahi (John Vernon), la caméra cadre en forte plongée le déploiement voluptueux de la robe violette sur le marbre : « J'avais déposé autour de la robe de Karin Dor cinq fils de coton qui étaient manœuvrés par cinq hommes placés hors-champ. Au moment où elle s'écroulait, les hommes tiraient les fils et sa robe se déployait comme une fleur qui s'épanouit… C'était un contrepoint. Bien que ce fût une mort, je la voulais très belle[168] ». La très poétique image renoue avec la symbolique de la fleur coupée des Vanités.

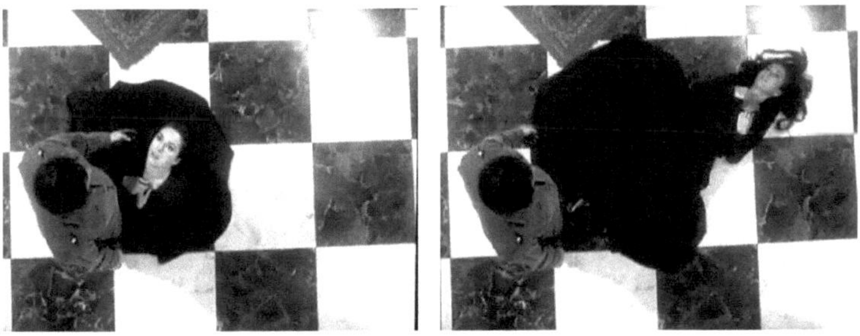

La relation œil/nourriture *via* l'oiseau entrevue dans *Rear Window* est développée dans *Psycho* : Norman Bates apporte à Marion Crane un modeste repas qu'il refuse absolument de « partager » avec elle, une façon d'éluder la connotation sexuelle attachée à l'appétence, et peut-être suggérée par le pot blanc[169]. Les deux parts lui sont destinées, contrairement à celles de la collation prévue pour revigorer le couple après l'amour présentées au début du film (ill. p. 127) ; l'image du sobre repas de Norman met en évidence (comme pour Jeff) son naturel solitaire. Norman observe la jeune femme « grignotant » et lui fait remarquer son *appétit d'oiseau* ; mais il dément aussitôt l'expression en affirmant que l'oiseau est par nature « dévorateur ». A ce moment du récit, coupable d'adultère et de vol, l'héroïne ressent un malaise d'autant plus aigu qu'elle est cernée d'oiseaux morts fixés aux murs et rendus encore plus inquiétants par leur cadrage en contre-plongée. Nous bénéficions de son point de vue sur un

[168] Cité par B. Villien, *Hitchcock*, *op. cit.*, p. 331.
[169] Le pot blanc est un objet récurrent dans la peinture hollandaise du XVIIe siècle : il suggère la virginité menacée ou entamée (voir *La Leçon de musique* de Johannes Vermeer ou *Le duo* de Gabriel Metsu).

rapace aux ailes déployées paraissant fondre sur sa proie et un corbeau à l'ombre démesurée (ill. 1-2) empaillés par Norman : en avouant sa passion pour la taxidermie il nous livre (à notre insu comme il se doit dans le découpage hitchcockien) un indice de taille pour résoudre l'énigme.

L'image onirique de l'oiseau, capable de « protection » comme de « cruauté », renvoie à la dualité qui hante le jeune homme : son acharnement à protéger sa mère contre toute intrusion extérieure l'a paradoxalement conduit à l'assassiner ! La présence de la mère est cependant vitale : ne pouvant plus accéder à la poche fœtale, le jeune homme a extrait l'âme de l'enveloppe corporelle pour l'enfermer en lui. Ces messagers du ciel dont il s'est entouré (la plupart de proie) évoquent ironiquement ceux des natures mortes dont la présence troublante auprès de fruits et de fleurs invite les mortels au recueillement et à l'humilité.

Hitchcock semble nous dire que si le repas frugal est lié à la prédation, le prédateur n'est pas nécessairement celui qu'on croit... Dans « Fenêtre sur cour », la dévoratrice Lisa conquiert Jeff par la ruse ; l'aspect inoffensif de Norman revêt un monstrueux psychopathe : il réconforte Marion en la nourrissant, ce qui revient à dire qu'il « la remplit » pour d'autant mieux «la vider» de tout son sang. A l'œil (vivant) du voyeur devant *un trou* dans le mur répond l'œil (mort) de la proie dans *le trou* d'évacuation des liquides usés. Ces très gros plans sont cyniquement complémentaires : l'œil masculin cadré de profil face à la fente est *trans*perçant et avide[170] de la nudité de Marion.

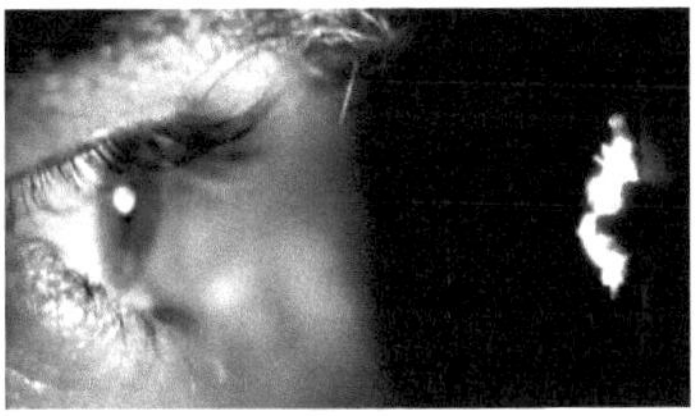
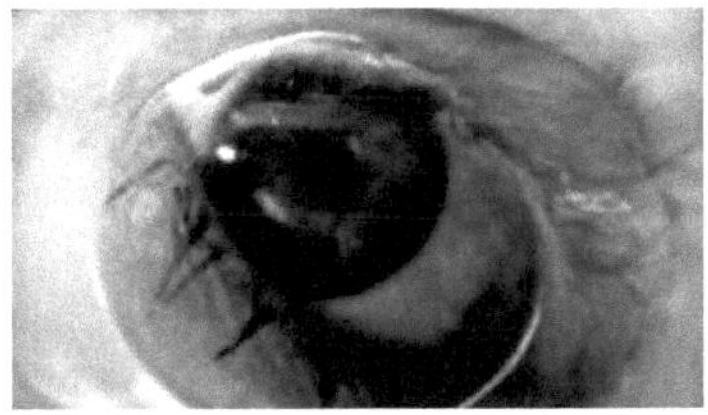

Tourné vers nous, l'œil féminin émerge lentement du trou jusqu'à son obscène coïncidence avec lui. Inexpressif, le globe oculaire dans son boîtier est ravalé au rang d'objet.

L'oiseau (qu'il soit libre, empaillé ou en cage) est un thème macabre et récurrent dans le cinéma Hitchcockien. *Sabotage* met en relation les oiseaux à la mort d'un enfant.

Verloc offre à Steve une jolie cage avec deux oiseaux… juste avant de lui demander un service, c'est-à-dire lui déléguer lâchement sa mission de saboteur : déposer un colis piégé à Piccadilly Circus ; une bombe glissée parmi les bobines de films explose et le tue. Sylvia Verloc aura la force de venger son jeune frère en assassinant le mari criminel après un regard douloureux sur le couvert dressé

[170] Un homme avide et sans scrupules est appelé « un corbeau ».

devant la chaise vide ; la caméra cadre peu après la cage où sifflent joyeusement les oiseaux (ill. page précédente). Ce thème connaît son apothéose dans *The Birds* : les yeux sauvagement crevés du fermier rappellent les orbites creux de Mrs Bates dans *Psycho*, et la première attaque des oiseaux vraiment organisée a lieu lors d'« un goûter ».

La relation entre nourriture, mort et sexualité, à laquelle Jean Douchet consacre quelques belles pages dans son essai sur Hitchcock[171], est établie dans *Rope* avec un cynisme exemplaire : le père et les amis du jeune homme étranglé par Philip et Brandon sont invités à déguster des mets joliment présentés sur un coffre contenant le cadavre. L'expression *still life* revêt alors tout son sens : la soirée commence par de paisibles et joyeux échanges autour de la table improvisée ; des fleurs fraîches et des chandeliers, objets attendus dans une cérémonie religieuse, célèbrent à l'insu de tous « le disparu ». Désacralisé, l'autel est une table de réjouissance accessible à chacun, où vin et pain rituels… accompagnent la volaille et le porc, sous lesquels David est enseveli. « Le Père » du défunt mange ainsi sur le cercueil du « Fils sacrifié ». Pierre Gras estime que « symboliquement, il s'agit bien pour les deux assassins de faire dévorer le cadavre, à la fois absent (tous s'étonnent de la disparition de la victime) et présent dans ce recyclage alimentaire anthropophage[172] ». Une telle lecture suppose une allusion irrévérencieuse aux paroles sacrées, *Prenez, mangez, ceci est mon corps* (Matthieu, *25*, 26). Les candélabres ornant la table sont dans les natures mortes le symbole de la lumière spirituelle, de la semence, du salut ;

---

[171] J. Douchet, *Hitchcock*, *op. cit.*, p. 213-220.

[172] P. Gras, « Hitchcock : manger, détruire », in *Hitchcock et l'art, coïncidences fatales*, *op. cit.*, p. 132.

les trois bougies rappellent discrètement que *Dieu est Un en trois personnes*, les fleurs en bouquet suggèrent la perfection spirituelle autant que la précarité de l'existence.

L'argent[173] (des couverts) pourrait se référer à la sagesse divine dans la symbolique chrétienne. Hitchcock emprunte à la réalité les objets conventionnels des milieux sociaux aisés et les pervertit par le simple fait de les poser sur un un coffre contenant un cadavre. Peu frappants au premier visionnement du film, ces objets sont pourtant soigneusement mis en relation et s'inscrivent dans un ensemble signifiant. *Les délices de la vanité* mis en images forment « des tableaux » : des êtres mondains et satisfaits mangent, boivent, bavardent autour d'un mort, sans jamais avoir la moindre intuition de sa présence parmi eux. Le père reçoit même la corde, arme du crime, des mains de l'assassin : après avoir ôté la vie à son fils, elle enserre les livres qui

[173] J. Chevalier, A. Gheerbrant, *Dictionnaire des symboles*, *op. cit.*, p. 75.

vont agrémenter ses soirées bourgeoises. Le film se clôt sur une ultime nature morte ; redoutant le pire, l'intuitif Rupert se résout à ouvrir le coffre sans prendre le temps d'ôter des piles de livres en attente de rangement ; le couvercle bascule côté spectateur (l'écran totalement noir permet l'invisible raccord du huitième plan-séquence) et nous ne bénéficions pas de son point de vue sur le mort mais d'une expression révulsée significative. Les livres tombés gisent en vrac (ill. 1) aux pieds du coffre-cercueil (sur)veillé par Rupert, révolver à la main ; à l'arrière-plan les meurtriers s'adonnent une ultime fois à leurs plaisirs respectifs : l'un joue *Les Mouvements perpétuels* au piano, l'autre boit un verre d'alcool.

Le symbole traditionnel de la connaissance est périmé. Hitchcock visualise subtilement que l'avidité du savoir est dérisoire devant la mort prochaine ainsi que le suggérait le spécialiste des natures mortes de livres au début du XVIIe siècle en peignant l'usure des manuscrits et le froissement des feuilles (ill. 2). Jan Davidsz de Heem[174] et Alfred Hitchcock sollicitent les sens capitaux en privilégiant la vue : les instruments de musique sont situés *à l'arrière-plan* dans les deux images. Partiellement occulté, le violon n'est pas mis en valeur alors que les différents livres sont représentés dans les plus invraisemblables positions ; il est relégué « au fond » de la nature morte de même que le piano est réduit à un « fond sonore » déroulé parallèlement aux sirènes de la police et ponctuellement recouvert par elles. Le temps musical (loin d'être perpétuel) a une fin, mais *Le Temps* est Le Maître suprême : il n'épargne pas l'homme, quelle que soit la force du plaisir apporté par ses

---

[174] Jan Davidsz de Heem, *Nature morte de livres*, 1628, huile sur bois, 36 x 46 cm. Mauritshuis, La Haye.

sens (d'autant plus si ce plaisir est de nature criminelle), ceci pour le plaisir tout aussi momentané du spectateur !

Les Maîtres flamands intitulent leurs tableaux *Nature morte de livres*, *Nature morte de poisson avec oignon et fromage* ou *Nature morte avec instruments de musique*... et Hitchcock célèbre de la même façon les plaisirs de l'existence et la précarité en cadrant quelques secondes des *Natures mortes* « aux candélabres et aux fleurs », « au coffre et aux livres », « au téléobjectif », ou encore « au verre et à la cafetière ». Le verre renversé par Oakley (troublé à l'écoute de l'air de « La Veuve joyeuse » dans *Shadow of a Doubt*) est cadré à côté d'une belle cafetière en argent (ill. 3) : il évoque ces verres (ill. 4) couchés aux côtés des précieux objets composés avec les mets des repas flamands. La *Nature morte de petit déjeuner* de

Willem Claesz Heda[175] comporte un verre aussi volontairement renversé que dans le film d'Hitchcock : il se fait dans la peinture indice d'une gestuelle significative mais au demeurant ambiguë (faut-il y voir une allusion à une dispute ou bien une maladresse due à l'ivresse ?) et signale que le processus de dégradation des sentiments unissant Oakley à sa nièce est entamé ; la cafetière au bec verseur et le verre creux sont les symboles masculin et féminin inlassablement déclinés et variés dans les natures mortes.

Peinture et plan de cinéma font ressentir par l'objet une même présence, une activité en cours surprise dans son accomplissement : la nourriture est entamée, les verres sont remplis ou renversés. Des compositions calculées laissent croire à l'instantanéité et annoncent des existences bientôt « consommées ». Dans les deux types d'images il est question d'« éclat », de « transparence », des propriétés à saisir au propre et au figuré : de même que « rien n'est vide ni insignifiant parmi les choses représentées dans les natures mortes hollandaises[176] », les choses arrangées dans les images d'Hitchcock, loin d'être neutres, sont autant de signes relatifs aux personnages, aux événements, aux développements, investis d'une dimension métaphysique ; l'humilité et la prétention, la bonté et la cruauté, la sagesse et la folie… aboutissent tôt ou tard à la même fin : la mort. Les objets Hitchcockiens sont investis d'un pouvoir de suggestion aussi puissant que dans la peinture hollandaise.

---

[175] W. Claesz Heda, *Nature morte de petit déjeuner avec tourte aux* framboises (détail), 1645, huile sur bois, 54 x 82 cm. Staatliche Kunstsammlung, Dresde.

[176] Roemer Visscher, cité par Tzvetan Todorov, *Éloge du quotidien, Essai sur la peinture hollandaise du XVII^e^ siècle*, Paris, Adam Biro, 1993, p. 44

*Sabotage* et *Frenzy* (réalisés à trente-six ans de distance) se déroulent à Londres et mettent en scène deux marchands de fruits et légumes, l'un « bon », l'autre « mauvais ». Le maraîcher de *Sabotage* est un inspecteur de police (John Loder) missionné pour surveiller Verloc, celui de *Frenzy* (Barry Foster), un dangereux psychopathe. Hitchcock établit une relation entre nourriture et crime infiniment pesante dans *Sabotage*, ironique dans *Frenzy*, cynique des deux côtés. Une même situation domestique est présentée : lors des repas, deux femmes accomplissent leur rôle d'épouse en servant leur mari attablé.

Le tête à tête de Verloc (Oscar Homolka) et son épouse (Sylvia Sidney) est filmé par plans si serrés que nous ressentons une promiscuité dérangeante avec le couple : « Grâce à la caméra, le public fait partie de la scène et il ne faut surtout pas que la caméra devienne distante et objective, [...] le spectateur doit reculer légèrement de son fauteuil pour laisser passer Verloc[177]» explique Hitchcock. La façon de filmer l'enchaînement des actions rend lisible la pensée de l'héroïne sans qu'elle prononce un seul mot ; les allées et venues de la maîtresse de maison dans *Frenzy* sont par contre accompagnées d'un dialogue signifiant. La relation crime / nourriture est d'un côté implicite, de l'autre, explicite : elle est explicitée par l'humour noir.

Sylvia est foudroyée par la mort de son jeune frère indirectement tué par son mari ; murée dans la douleur, elle sert le repas tandis que celui-ci ne cesse de se plaindre du mode de cuisson des légumes, pas assez « vert », un risible souci en pareille circonstance ! La jeune femme répond aux propos grotesques de son époux par un regard atterré. Un travelling descend du visage aux mains qui servent les pommes de terre avec une fourchette et un couteau acéré

[177] *Hitchcock/Truffaut*, *op. cit.*, p. 92.

orienté vers le spectateur (ill. 1), puis la caméra se fixe : elle insiste sur le couteau à la lame étincelante, fébrilement tourné et retourné par l'héroïne, revient au visage empreint d'une expression irrésolue, au regard absorbé dans un oppressant silence. Selon une alternance chaotique la caméra passe du regard désespéré de Sylvia à ses mains désemparées : les instruments sont posés précipitamment, repris, le service accéléré… La jeune femme se débarrasse brutalement des légumes et de la viande (ill. 2) ; elle voudrait « en finir », c'est-à-dire échapper au désir qui la hante mais qu'elle refoule de toutes ses forces : tuer l'abject personnage qui, la moue dégoûtée, la prévient qu'il ne prendra pas de chou ! Le couteau tenaille[178] Sylvia de la même façon que la faim tenaille son époux.

Verloc ne s'interrompt dans son soliloque que lorsqu'il découvre les yeux de son épouse rivés aux couverts du disparu. La caméra cadre les mains (ill. 3-5) qui hésitent, ne parviennent pas à s'emparer du couteau, se serrent. Une suite de champs/contrechamps sur les mains féminines irrésolues et le visage masculin ahuri exacerbe l'intensité dramatique : Verloc tourne la tête dans un gros plan à la manière d'un chien qui tenterait de saisir une information ; le contrechamp montre un nouvel échec pour se saisir du couteau, geste qui n'échappe pas au mari et lui fait prendre conscience des intentions criminelles contrariées de sa femme. Il se lève ; le grincement des chaussures dans le silence indique qu'il contourne la table et s'approche ; il tente à son tour d'attraper le couteau mais cette fois Sylvia n'hésite pas (ill. 6), empoigne promptement « le couteau à viande » qu'elle enfonce dans « la chair » de son époux. Celui-ci gémit sous l'impact d'un coup qui semble aller de

[178] Sylvia est totalement « hantée » par le couteau comme l'était Alice dans *Blackmail*. Ce thème est cher à Hitchcock.

soi : la caméra ne montre pas l'acte, mais le résultat. Dans *Sabotage* nous assistons à un crime advenu au début d'un repas avant que toute nourriture soit absorbée, dans *Frenzy* nous suivons les étapes de l'enquête criminelle alimentées par les fins dîners aux chandelles élaborés par Mrs Oxford.

La caméra ne prend du recul dans *Sabotage* que lorsque le crime est « consommé » : nous bénéficions seulement à ce moment là d'une vue d'ensemble de l'appartement (ill. 7).

Le recul est de nature métaphorique : le cadrage en forte contre-plongée suppose une caméra située au sol, soit au niveau du cadavre. De Sylvia, ne sont montrées que les chaussures dressées à côté des semelles affaissées du mari à l'avant de l'image ; en choisissant de faire s'éloigner la jeune femme dans une image basculée, privée de repères spatiaux, Hitchcock exprime le chavirement de tout son être : elle s'éloigne du bord de l'image vers son fond selon la progression voluptueuse d'un corps qui se dessine lentement des pieds à la tête, au fur et à mesure de son éloignement dans l'image fixe. Totalement subjective, elle visualise l'accablement qui envahit le corps. On voit au contraire Mrs Oxford aller et venir de la cuisine à la salle à manger pour servir son époux. Le plan d'ensemble (ill. 8 p. 189) cadré selon le point de vue d'un spectateur debout (d'un invité en quelque sorte) livre au regard une belle table dressée, symétriquement éclairée par des chandelles : une prometteuse soupière et une avenante bouteille de vin sont ainsi mises en évidence par un cadrage frontal comme dans toutes les natures mortes du XVII^e siècle. La prise de recul de la caméra annonce celle de Mrs Oxford.

Bien peu clairvoyant sur l'affaire des strangulations, l'inspecteur Oxford a fait emprisonner Richard Blaney que le spectateur sait innocent : il informe son épouse de l'état de l'enquête sur fond de « cuisine continentale » : soupe de poisson et caille aux raisins composent le maigre menu d'un homme qui rêve de Steak frites et de hamburgers. Nous sommes conviés à ce premier repas aussitôt après l'assassinat de Bab's : les « portions de nourriture » sont mises en parallèle avec « les bribes de l'enquête » sur un ton cocasse et cynique, mais toujours éclairant ! La tête de poisson à l'œil glauque surnageant dans la soupe servie par Mrs Oxford à son époux retourne à son lieu d'origine, la soupière : nous comprenons que l'enquête piétine… Qu'y-a-t-il sous la mystérieuse cloche (ill. 1) ? L'affaire n'est pas encore résolue… Parmi la profusion de viande et de fruits qu'elle recouvre un seul petit cadavre de caille prend place dans l'assiette en porcelaine aux motifs chinois. La voix de Mrs Oxford se greffe au plan obscène de la caille aux frêles membres écartés près de deux petites boules (les raisins) : « Il a été marié ? » demande-t-elle…

Lors d'un second repas Mrs Oxford rejette les soupçons sur Rusk tant elle est persuadée de l'innocence de Richard. A défaut de se délecter des cadavres d'animaux concoctés par son épouse l'inspecteur se nourrit… de ses intuitions ! La discussion animée sur les ingrédients du repas et ceux de l'enquête, se termine sur une nouvelle proposition : les « pieds de porc à la mode de Caen » ; ils rappellent le coup de pied du cadavre de Bab's dans la figure de Rusk, éclair comique au beau milieu de l'horreur. Le corps fragmenté est associé au découpage du film comme dans « Fenêtre sur cour », mais ponctuellement : l'inspecteur est convié à recomposer « le corpus » des faits. Les aliments/éléments sont hostiles au personnage, pour notre plus grand plaisir. L'opposition entre les êtres et les choses fonde le cinéma Hitchcockien : « Le conflit est la base de tout drame. C'est pourquoi l'humour est si important. L'humour, c'est la disparition de la dignité, c'est la disparition de ce qui est normal, c'est donc l'anormal[179] ». Les spectateurs ne se déplacent-ils pas au cinéma pour voir ce qui ne ressemble pas à leur vie, c'est-à-dire des choses extraordinaires, des cauchemars ? Friand de métaphores culinaires, Hitchcock considère que « le cinéma n'est pas une tranche de vie, mais une tranche de gâteau[180] ». C'est pourquoi les objets les plus ordinaires sont aussi les plus maléfiques dans les films d'Alfred Hitchcock, ils perturbent subitement le cours de l'existence des héros et des héroïnes ; ils offrent au regard un frémissement comparable à celui des Vanités peintes par les Maîtres anciens. Ces objets qui prennent un malin plaisir à desservir les personnages, par la même occasion, « se jouent » de nous en nous immergeant dans les gouffres de l'illusion[181] : ils fixent dans le défilement ininterrompu des images le passage dévastateur du temps.

---

[179] J. Domarchi, J. Douchet, « Entretien avec Alfred Hitchcock », in *Cahiers du cinéma n° 102*, *op. cit.*, p. 22.

[180] *Ibid.*

[181] *Illudere*, issu de *ludus* signifie en latin « se jouer de » ; « illusion » vient du latin *illusio*, « ironie » : le mot prend le sens de « moquerie, objet de dérision » mais aussi d'« erreur des sens »… *No comment !*

# Fins

> « J'aime que le verre ne soit pas seulement un récipient pour la boisson, le téléphone un procédé de communication, la clé un instrument d'ouverture, mais que sous la patine de l'usage ordinaire apparaissent d'autres motifs, d'autres lois, étrangers à ces fonctions[182] ».

Les objets exercent une terrible emprise sur les héros et les héroïnes des films d'Alfred Hitchcock : un couteau à viande paraît agir de lui-même dans la main d'une jeune femme et tue son mari, un tableau de famille ensorcèle une jeune mariée en lui inspirant une robe de bal qui provoque la fureur de son époux, un extincteur attise les flammes de l'incendie survenu dans une usine d'armement et tue un ouvrier, un métronome perturbe le jeu pianistique d'un assassin et le trahit, un briquet oublié au wagon-restaurant du Nord-Express déclenche un processus criminel, la montre d'un assassin s'arrête et enraye le mécanisme d'un plan exemplaire, une clé s'absente d'un trousseau et y revient le lendemain, un bijou est responsable de la mort d'une jeune femme… ainsi de suite. Si couteau et briquet sont des  instrument à risques, il faut bien reconnaître que ce n'est pas le cas d'un tableau, d'un extincteur, d'un métronome, d'une montre, d'une clé ou d'un pendentif ! Or ces objets usuels (parmi une multitude d'autres) sont *subis* par les personnages et constituent un environnement

182 Mardore, « Hitch au miroir », in *Positif n° 32*, février 1960.

qui leur est hostile : ils se voient précipités contre leur volonté dans de dangereuses et terrifiantes aventures.

— *Dans* North by Northwest *Cary Grant doit lutter sans cesse contre le monde extérieur et les objets qui l'entourent et contrarient son désir* font remarquer Jean Domarchi et Jean Douchet à Alfred Hitchcock au cours d'un entretien ; le réalisateur renchérit sur ce constat :

— « Pour moi, cette opposition entre les personnages et les choses est absolument fondamentale, elle reflète les problèmes de l'homme ordinaire pris dans des situations extraordinaires[183] ».

L'homme ordinaire hitchcockien nous est initialement présenté dans une action ordinaire : il déjeune à la cantine sur son lieu de travail, entre se distraire au music-hall, rend visite à sa sœur dans une paisible ville provinciale, monte dans le train, observe ses voisins d'en face, part en vacances avec sa famille, sort du bureau en compagnie de sa secrétaire et appelle un taxi [...]. Advient une rencontre ou un malentendu qui change (subitement ou progressivement) l'orientation des événements : l'inquiétude naît et se développe ; c'est alors qu'entre en jeu « l'objet ordinaire » et qu'« un détail » entraîne le basculement des destinées ! L'insoumission et l'autonomie de l'objet sont stupéfiantes. Il peut œuvrer pour les bons et contre les méchants ou, résolument pernicieux, contre les bons et les méchants : le briquet ne sert aucun des deux héros de *Strangers on a Train* ; déposé sur le lieu du crime, il va être la preuve accablante de la culpabilité de Guy, tombé dans la bouche d'égout, il travaille à ruiner le plan machiavélique de Bruno ; de même, le collier de Madeleine passé au cou de Judy dans *Vertigo* conduit les amants à leurs pertes.

---

[183] J. Domarchi, J. Douchet, « Entretien avec Alfred Hitchcock », in *Cahiers du cinéma n° 102*, *op. cit.*, p. 21.

***Des repères pour se perdre***

Aucun film n'échappe à cette loi : la mise en scène des objets vise à desservir et assujettir les personnages, à les déstabiliser en même temps que le spectateur. Le cinéaste nous place de force en présence de nous-mêmes en gérant les divers fonctionnements des êtres et de leurs objets, en les pensant selon notre psychologie : « Hitchcock n'est pas un moraliste mais un psychologue[184] ».

Les objets, ces repères que les personnages tentent d'inscrire sur la réalité, mettent en évidence la contingence de l'être : ils se fragilisent jusqu'à devenir inopérants. Les moyens narratifs employés pour les affaiblir ou les anéantir sont parfaitement opposés. Dépouillé de toute notion de propriété, l'objet est « désindividualisé » : le briquet de Guy récupéré par Bruno (même si l'initiale d'Ann gravée dans le métal devient instantanément le « A » de Anthony) lui résiste et le perd ; le pendentif qui trahit Judy Barton n'appartient plus à personne ; la bague offerte par Charlie Oakley à sa nièce contient des initiales inconnues qui éveillent le soupçon ; la clé dérobée par Tony Wendice à sa femme n'ouvre plus la porte ; le coup de feu tiré sur l'unique coup de cymbales d'une cantate, repère pourtant immanquable, est avorté par un cri : les disques de cuivre n'ont pas joué le jeu du tueur ; la lampe torche des Brenner dont Melanie Daniels s'empare pour s'introduire au grenier provoque l'ultime attaque des oiseaux [...]. Les objets affichent une totale indifférence à l'égard de leurs usurpateurs tout en les mettant en danger.

Les objets peuvent au contraire être « individualisés » de façon à revêtir un aspect étrange pour le héros seul... et le spectateur. C'est ainsi que le manteau de fourrure, la

---

[184] D. Rocher, « Strangers on a Train ou l'insolite est quotidien », in *Études cinématographiques n° 84-87*, *op. cit.*, p. 32.

chemise de nuit et la brosse à cheveux de Rebecca, substituts érotisés de la folle passion de Mrs Danvers pour sa maîtresse, semblent attendre le retour de la disparue et nous plongent avec l'héroïne dans un univers spectral ; l'intensité lumineuse du couvre-lit, du blaireau ou des pots de crème blancs qui éblouissent John Ballantyne jusqu'au malaise dans *Spellbound* n'est perceptible que pour nous, contraints à vivre la psychose du personnage ; le verre de lait de *Suspicion* présente une blancheur suspecte uniquement pour Lina et le spectateur ; les néons clignotant dans la scène finale de *Rope* transforment le banal appartement en un antre infernal : les assassins démasqués subiront l'implacable coloration alternative des néons extérieurs jusqu'à l'arrivée de la police ; la poupée maculée de sang n'hallucine que Charlotte Inwood qu'elle renvoie à sa conscience dans *Stage Fright* […]. Le passage de l'homme « ordinaire » dans une situation « extraordinaire » se fait par l'objet, la mise en place de situations surnaturelles se réalise par la mise en scène d'éléments insignifiants.

Hitchcock ne cesse de nous surprendre par sa capacité à inventer des usages inédits qui finissent par annexer toute tentative de repérage au fur et à mesure du déroulement filmique. Bien que démarqués et/ou pervertis de multiples façons (et ceci sans aucune redite), les objets fonctionnent selon des modes opératoires récurrents, ce qui permet d'avancer une typologie des usages : un objet *change de fonction* (la bible pare-balles, le verre de lait-torche, le bracelet de pêche ou la bouteille d'uranium), il est *multi-fonctions* (le bracelet/alliance, la cage explosive, la corde, la boîte d'allumettes/télégramme, la cravate étrangleuse), il s'utilise *à contre-emploi* (comme des ailes de moulin, un extincteur, un métronome, un appareil photo) ou il est *hors service* sous la plus apparente normalité qui soit (une paire de lunettes, une clé, une montre ou un téléphone).

### *Usages poétiques*

Ces usages diversifiés font de l'objet la substance du cinéma hitchcockien, infiniment modelable et expressive ; elle révèle les impacts négatif et positif du monde concret. En se retournant contre celui qui croit le maîtriser, l'objet manifeste au final l'intériorité de l'être.

L'impressionnante faculté d'investir les objets les plus neutres d'une forte subjectivité se double du pouvoir de faire fusionner le propre et le figuré. Malicieux, le cinéaste est avant tout un joueur !! Il excelle dans l'alliance des contraires et manipule habilement les strates de significations gravitant autour d'un même objet : un boxeur est envoyé dans les cordes, un couple redoute la corde au cou, un chien s'attache à sa nouvelle maîtresse par une corde [...]. Les objets fonctionnent sur différents registres et leur usage poétique s'exerce en une coïncidence heureuse avec leur usage premier, ceci sans aucune hiérarchisation : si un tableau *enchante* une jeune femme, il lui fait subir un maléfice ; une paire de menottes *attache* un homme et une femme l'un à l'autre ; un luxueux bracelet Cartier *appâte* une femme puis un poisson. Un métronome *mesure* l'émoi d'un homme angoissé ; des ciseaux *coupent* la vie d'un tueur ; une clé est aussi *la clé de l'énigme*, etc.

L'usage métaphorique de l'objet[185] est discret et peut passer inaperçu lors d'un premier visionnement du film : le cercle de la lampe torche sur le plan de la maison des Anthony dans *Strangers on a Train* est aussi une figure lumineuse et vacillante (Guy) à la recherche de repères dans le plan noir d'un dangereux psychopathe (Bruno) ; un abat-jour apporte « un éclairage indirect » sur l'individu à

[185] Remarquer que dans *Blackmail* la métaphore s'exerce sans la mise en scène de l'objet : l'héroïne est poignardée par les assauts du mot « breadknife » ; ce procédé ne semble pas avoir été repris par la suite.

la scène suivante. La noirceur de l'âme n'est que suggérée dans *Rebecca* : « elle transparaît » sous une voilure sans retenir particulièrement notre attention ; elle s'impose par contre dans *Strangers on a Train* où notre regard se vrille sur « un point noir » (la silhouette de Bruno) souillant l'étendue immaculée des colonnes. « L'arrêt du temps » vécu par les personnages de *Rear Window* à l'écoute d'une musique envoûtante est signalé au pianiste par Hitchcock en personne : il tente de « remettre la pendule à l'heure » mais la prophétique et poétique image[186] nous échappe... Nous ne prenons conscience ni du danger encouru par l'héroïne ni de la portée de cette image d'exception : sont réunis les créateurs d'un récit criminel et d'une chanson, les deux enjeux du film ; « les Maîtres du temps » œuvrent parallèlement. « La lumière » éclaire (enfin !) notre esprit dans la dernière scène de *Psycho* lorsque Leila Crane, épouvantée par sa découverte à la cave, agite en tous sens une ampoule électrique (Eurêka !) placée au premier plan et non repérée par le spectateur. Les métaphores gravitant autour de l'objet sont innombrables. Le génie d'Hitchcock s'exerce avec tant de modestie que les implications philosophiques et poétiques infinies des mises en scène d'objets à des fins apparemment narratives nous échappent. Pas la moindre chance n'est accordée au hasard dans la gestion du fonctionnement de tous ces objets et comme l'écrit Jean-Luc Godard, « à travers eux et avec eux Alfred Hitchcock réussit là où échouèrent Alexandre, Jules César, Hitler, Napoléon : prendre le contrôle de l'univers[187] ».

L'usage métaphorique de la robe dans la célébration de « la femme fleur » conduit à un paroxysme poétique : le

[186] Les images où Hitchcock apparaît sont si révélatrices sur les enjeux des films qu'un essai pourrait leur être consacré.
[187] J.-L. Godard, *Histoire(s) du cinéma*, *op. cit.*, p. 76.

déploiement de corolle de Grace Kelly dans *Rear Window* et celui de Karin Dor dans *Topaz* sont d'une rare beauté. Lisa (nous) apparaît (pour la première fois) la nuit sous la forme d'une ombre envahissant voluptueusement le corps de l'amant endormi. Un contrechamp délivre le visage ensorcelant de la fleur tendu vers sa proie hors d'un calice délié : un bustier noir satiné exalte la corolle blanche et vaporeuse d'une terrifiante envergure. D'une tout autre nature dans *Topaz*, ardente et sensuelle, la fleur déploie sa corolle violette en rendant l'âme, convoquant les vers de Pétrarque ou de Ronsard, initiateurs du topos renouvelé ici par l'image. L'âcre odeur du sang succède au parfum que l'on suppose capiteux de Lisa.

Hitchcock excelle aussi dans l'art de la métamorphose. Parmi les nombreuses héroïnes transfigurées par l'habit et les bijoux, la plus saisissante est sans doute la Judy Barton de *Vertigo* remodelée en Madeleine Elster ; bien avant cette exemplaire métamorphose, Mrs Danvers parvient à s'extraire de sa chrysalide, la gangue rigide de sa longue robe noire qui la contraint à la « retenue » tout au long de *Rebecca*, pour devenir le sublime papillon de la dernière séquence : attirée par la lumière, la créature se consume d'amour, assouvit enfin sa folle passion et brasse les flammes avec ses grandes ailes noires ; métamorphose et métaphore ont fusionné dans un même mouvement.

### *La poétique du rond*

La rondeur des objets mis en scène par Hitchcock est indéniable ; ils sont de forme circulaire (alliance, assiette, bouquet de fleurs, bracelet, chapeau, collier, cymbales, menottes, montre, roue, tambour) ou de forme cylindrique (extincteur, jumelles, lampe torche, révolver, téléobjectif) avec un cercle parfait en leur extrémité qui les tend vers une cible : ainsi s'exerce « L'arc d'Alfred Hitchcock » !

Des objets de formes différentes s'arrondissent dans l'action, telles les robes ou tailleurs enrobant les héroïnes, un sac à main si gonflé par le volume de billets de banque qu'il ressemble à une bourse, ou encore une corde et une cravate employées pour la strangulation. La puissance du rond est telle qu'il est signe annonciateur, une figure métonymique qui impose une relation immédiate entre la partie et le tout, souvent dès la première image des films : comme dans *The Ring*, *Blackmail*, *Sabotage*, *The Man Who Knew Too Much* (2), *Marnie* etc.

« Tout est rond pour moi [...]. J'ai le tempérament rond. Je suis O. D'autres sont I[188] » reconnaît Hitchcock. Tout est si rond pour lui qu'il pousse le cynisme jusqu'à réduire l'être à une infime partie corporelle, inanimée, devenue pur objet, dans *Vertigo* et *Psycho* : la mèche du chignon de Madeleine/judy laquée en spirale et le globe oculaire de Marion en coïncidence avec l'orifice circulaire d'évacuation du sang. Les objets s'animent tandis que les êtres sont dépossédés de leur âme et tendent vers l'objet. La partie corporelle arrondie peut aussi être vivante et salvatrice comme la bouche de Doris Day dans *The Man who Knew Too Much* ; cette phrase de Bachelard paraît avoir été écrite pour l'héroïne du film : « Le cri de l'être rond arrondit le ciel en coupole[189] ».

Les objets qui déjouent les plans des personnages servent en priorité les desseins du Maître du déroulement : la corde est avant toute chose la métaphore d'un film tourné d'un seul mouvement avec d'invisibles raccords ; plus encore, « c'est la métaphore de *tout* film, qui est

[188] J. Domarchi, J. Douchet, « Entretien avec Alfred Hitchcock », in *Cahiers du cinéma n° 102*, *op. cit.*, p. 25.

[189] G. Bachelard, « La phénoménologie du rond », in *La poétique de l'espace* (1957), Paris, Quadrige/PUF, 1994, p. 213.

ruban unique, ficelle de pellicule, qu'on déroule de façon linéaire[190] ». Tout en préfigurant un univers du tronçon, l'appareil photo brisé cadré avec insistance au début de *Rear Window* révèle par sa mise hors d'usage la toute-puissance du cinéma : « le découpage » du scénario est permis par l'œil du voyeur dont le pouvoir pénétrant est décuplé par le téléobjectif, métaphore de la projection. La boucle est la métaphore d'un film qui se déroule selon un mouvement en spirale (*Vertigo* signifie « mouvement tournant » en latin), selon la « courbe qui s'enroule autour d'un repère central, en s'éloignant régulièrement mais en y revenant en spires » : la première partie revient sur elle-même, repart ; la bobine enroule et déroule son histoire.

Les mouvements de caméra privilégiés par Hitchcock sont régis par le cercle à l'image des objets ronds qui (se) bouclent, se déroulent, s'enroulent, tournent, retournent, enveloppent, développent… Sans commencement ni fin, le mouvement circulaire est parfait et immuable comme le temps, ce que la forme arrondie de nos montres et de nos horloges (objets de notre aliénation favoris d'Hitchcock) ne nous fait jamais oublier ; le cinéaste nous signifie que si le créateur détient l'immense pouvoir d'arrêter le temps et d'enchanter… il ne peut retarder l'ultime issue :

« Horloge ! Dieu sinistre, effrayant, impassible,
Dont le doigt nous menace et nous dit : *Souviens-toi !*
Les vibrantes douleurs dans ton cœur plein d'effroi
Se planteront bientôt comme dans une cible[191] ; […] ».

Et avec la même cruauté que le poète et l'infinie beauté de ses images, Alfred Hitchcock nous atteint en plein cœur.

---

[190] F. Régnault, « Système formel d'Hitchcock », in *Cahiers du cinéma hors série n° 8*, *op. cit.* p. 22.

[191] C. Baudelaire, « L'Horloge », « Spleen et idéal », in *Les Fleurs du mal* (1857), Paris, Librairie Alphonse Lemerre, 1943, p. 226.

## Index alphabétique des films cités

(les chiffres en italiques gras renvoient aux images)

## Index des objets principalement cités

# Index des noms

# BIBLIOGRAPHIE

AGNEL, Aimé, *Hitchcock et l'ennui, une psychologie à l'œuvre*, Paris, Ellipses, 2011.
APOLLINAIRE, « Alcools » (1913), in *Œuvres poétiques*, Paris, Gallimard, coll. « La Pléiade », 1965.
*Art (L') au regard de la phénoménologie*, collectif, Toulouse, Presses Universitaires du Mirail, 1994.

BACHELARD, Gaston, *La poétique de l'espace*, Paris, PUF, 1957.
— *La flamme d'une chandelle*, Paris, PUF, 1961.
BATAILLE, Georges, *Les larmes d'Éros*, Paris, J.-J. Pauvert, coll. « 10/18, 1961.
BAUDELAIRE, Charles, *Les Fleurs du mal* (1857), Paris, Librairie Alphonse Lemerre, 1943.

*Cahiers du Cinéma n° 39* (octobre 1954), *n° 44* (février 1955), *n° 62* (août-septembre 1956), *n° 102* (décembre 1959), *Hors série n° 8* spécial Alfred Hitchcock (1980).
Catalogue d'exposition *Hitchcock et l'art, coïncidences fatales*, Milan, Mazzotta, 2000.
CARROUGES, Michel, *Les Machines célibataires*, Paris, Le Chêne, 1976.
CHABROL, Claude (avec Éric ROHMER), *Hitchcock* (1957), Paris, Ramsay poche, 1986.
CHEVALIER, Jean, GHEERBRANT, Alain, *Dictionnaire des symboles*, Paris, coll. « Bouquins », 1982.

**D**ECOBERT, Lydie, *L'escalier dans le cinéma d'Alfred Hitchcock, une dynamique de l'effroi*, Paris, L'Harmattan, 2008.
DELEUZE, Gilles, Cinéma I. *L'image-mouvement*, Paris, Les Éditions de Minuit, 1983.
— Cinéma 2. *L'image-temps*, Paris, Les Éditions de Minuit, 1985.
DELEVOY, Robert, *Le symbolisme*, Genève, Albert Skira, 1982.
DÉTIENNE, Marcel & Vernant, Jean-Pierre, *Les ruses de l'intelligence, la mètis des grecs*, Paris, Flammarion, coll. « Champs », 1974.
DOUCHET, Jean, *Hitchcock*, Paris, Éditions de l'Herne, 1967.
DUCHAMP, Marcel, *Duchamp du signe*, Paris, Flammarion, coll. « Champs », 1994.
DURAS, Marguerite, *Moderato Cantabile*, Paris, Les Éditions de Minuit, 1958.

**É**LIADE, Mircéa, *Forgerons et alchimistes*, (1956), Paris, Flammarion, coll. « Champs », 1966.
*Études cinématographiques n° 84-87*, Alfred Hitchcock, Paris, Minard, 1971.
EUGÈNE, Jean-Pierre, *La musique dans les films d'Alfred Hitchcock*, Paris, Dreamland, 2000.

**G**ODARD, Jean-Luc, *Histoire(s) du cinéma*, Paris, Gallimard, 1998.
GOETHE, Johann Wolfgang (von), *Selige Sehnsucht*, Paris, Aubier, collection bilingue, 1950.

**H**EIDEGGER, Martin, *Être et temps*, Paris, Authentica, 1985.

*HITCHCOCK /TRUFFAUT*, Édition définitive, Paris, Ramsay, 1983.
HOMÈRE, *Iliade*, Paris, La découverte/Poche, 2000.
— *Odyssée*, La découverte/Poche, 2000.

JOYCE, James, *Ulysses* (1922), Londres, Penguin Books, 1992.

LUNEAU, Auguste, *Histoire du Salut chez les Pères de l'Église*, Paris, Beauchesne, 1964.

MERLEAU-PONTY, Maurice, *Le visible et l'invisible*, Paris, Gallimard, coll. « Tel », 1979.

PERRAULT, Charles, *Contes* (1695) Paris, Garnier, coll. « classiques », 1981.
*Positif*, *n° 281-282* (juillet-août 1984) et *n° 286* (décembre 1984).

RONSARD, Pierre (de), *Œuvres complètes*, t. X (1939), Édition critique avec introduction et commentaire par Paul Laumonier, Paris, S. T. F. M., 1992.

SARRIS, Andrew, *The American Cinema : Directors and Directions*, 1929-1968, New York, Dutton, 1968.
SARTRE, Jean-Paul, *Situations I*, Paris, Gallimard, coll. « Tel », 1990.
SUQUET, Jean, *Marcel Duchamp ou l'éblouissement de l'éclaboussure*, Paris, L'Harmattan, 1998.

TODOROV, Tzvetan, *Éloge du quotidien, Essai sur la peinture hollandaise du XVIIe siècle*, Paris, Adam Biro, 1993.

TOLSTOÏ, Léon, *Anna Karénine* (1877), Paris, Gallimard, coll. « La Pléiade », 1951.
TRUFFAUT, François, *Le cinéma selon Hitchcock*, Paris, Laffont, 1966.

VERNANT, Jean-Pierre, *Mythe et pensée chez les Grecs*, Paris, La découverte, 1990-1994.
VILLIEN, Bruno, *Hitchcock*, Paris, Éditions Colona, 1982.
— *Hitchcock*, Paris, coll. « Rivages », 1985.

# TABLE DES MATIÈRES

**L'HARMATTAN, ITALIA**
Via Degli Artisti 15; 10124 Torino

**L'HARMATTAN HONGRIE**
Könyvesbolt ; Kossuth L. u. 14-16
1053 Budapest

**ESPACE L'HARMATTAN KINSHASA**
Faculté des Sciences sociales,
politiques et administratives
BP243, KIN XI
Université de Kinshasa

**L'HARMATTAN CONGO**
67, av. E. P. Lumumba
Bât. – Congo Pharmacie (Bib. Nat.)
BP2874 Brazzaville
harmattan.congo@yahoo.fr

**L'HARMATTAN GUINÉE**
Almamya Rue KA 028, en face du restaurant Le Cèdre
OKB agency BP 3470 Conakry
(00224) 60 20 85 08
harmattanguinee@yahoo.fr

**L'HARMATTAN CAMEROUN**
BP 11486
Face à la SNI, immeuble Don Bosco
Yaoundé
(00237) 99 76 61 66
harmattancam@yahoo.fr

**L'HARMATTAN CÔTE D'IVOIRE**
Résidence Karl / cité des arts
Abidjan-Cocody 03 BP 1588 Abidjan 03
(00225) 05 77 87 31
etien_nda@yahoo.fr

**L'HARMATTAN MAURITANIE**
Espace El Kettab du livre francophone
N° 472 avenue du Palais des Congrès
BP 316 Nouakchott
(00222) 63 25 980

**L'HARMATTAN SÉNÉGAL**
« Villa Rose », rue de Diourbel X G, Point E
BP 45034 Dakar FANN
(00221) 33 825 98 58 / 77 242 25 08
senharmattan@gmail.com

**L'HARMATTAN TOGO**
1771, Bd du 13 janvier
BP 414 Lomé
Tél : 00 228 2201792
gerry@taama.net